油气企业人才强企战略管理

曹 强 王良锦 辛 穗 张浩淼 欧阳清华 著

石油工业出版社

内 容 提 要

本书采用文献调研、现场调研、定量定性分析、模拟分析、实证评估等方法，按照理论研究—方法研究—应用研究的逻辑架构，对油气企业人才强企战略管理理论与实践进行深入研究。在油气企业人才发展战略环境分析基础上，构建油气企业人才强企战略管理模型，设计油气企业人才强企战略管理机制，创新了战略绩效视角下油气科技创新人才价值溯源分成评估方法并实证，为促进形成与油气企业创新发展相适应的人才队伍阶梯式发展格局和与人才价值贡献相匹配的评估机制提供依据，为深化人才发展体制机制改革、促进人才要素有序流动、加快建设油气创新人才高地提供科学依据与决策支持。

本书适用于石油、天然气行业管理者与从业者阅读，适用于大型国有企业乃至能源行业推进人才创新发展的相关部门与人员阅读。

图书在版编目（CIP）数据

油气企业人才强企战略管理 / 曹强等著. -- 北京：石油工业出版社，2024.6. -- ISBN 978-7-5183-6863-1

I. F426.22

中国国家版本馆CIP数据核字第2024SR6915号

油气企业人才强企战略管理

曹 强　王良锦　辜 穗　张浩淼　欧阳清华　著

出版发行：石油工业出版社
　　　　　（北京市朝阳区安华里二区1号楼 100011）
网　　址：www.petropub.com
编 辑 部：(010)64523570　　图书营销中心：(010)64523633
经　　销：全国新华书店
印　　刷：北京晨旭印刷厂

2024年6月第1版　　2024年6月第1次印刷
740毫米×1060毫米　开本：1/16　印张：13
字数：146千字

定　价：79.00元
（如发现印装质量问题，我社图书营销中心负责调换）
版权所有，翻印必究

前 言

在百年奋斗历程中,党始终重视培养人才、团结人才、引领人才、成就人才。新时代党把创新摆在中国式现代化建设全局中的核心地位,作出"人才是实现民族振兴、赢得国际竞争主动的战略资源"的重大判断,作出全方位培养、引进、用好人才的一系列重大部署并出台了一系列政策,为新时代人才发展提供了战略指引与制度保障。人才是油气企业创新驱动高质量发展的第一资源,发展靠创新来驱动,创新则靠人才来支撑,大力推进人才发展体制机制改革,破解人才发展瓶颈问题,迫切需要采取积极有效的应对措施。面对新阶段、新形势、新使命,油气企业积极转变观念、主动探索创新,围绕创新驱动高质量发展目标要求,立足当前人才队伍现状与问题,提出并实施了一系列深化人才强企战略新举措,有效推进新时代人才队伍建设,形成了具有油气特色的管理创新与实践成果,也为油气产业创新人才发展管理实践、深化人才发展体制机制改革提供了有益经验。

本书以战略管理理论为指导,按照理论研究—方法研究—应用研究的逻辑架构,对油气企业人才强企战略管理理论与实践进行深入研究,提出油气企业人才强企战略管理模式与实施路径,构建油气企业人才强企战略管理机制,创新战略绩效视角下油气科技创新人才价值溯源分成评估方法并开展了实证应用，为促进形成与油气企业创新发展相适应的人才队伍阶梯式发展格局和与人才价值贡献相匹配的评估机制提供依据，为深化人才发展体制机制改革促进人才要素有序流动、加快建设油气创新人才高地提供管理支持。

  本书包括以下六个部分：第一，国内外人才发展战略管理进展与启示。深入分析人才发展战略理论研究进展、国外关于人才发展的战略部署与典型做法、我国关于人才发展的战略部署与经验启示、国内外代表性油气企业关于人才发展战略的主要做法与经验等，形成理论支持与经验借鉴。第二，油气企业人才发展战略环境分析。采用SWOT分析模型，对油气企业人才发展战略环境中的优势、劣势、机会、威胁进行系统分析，为战略管理提供决策支持。第三，油气企业人才强企战略管理模型构建。立足战略管理驱动油气企业人才强企内生逻辑，构建油气企业人才强企战略管理模型，提出人才强企战略管理实施路径。第四，油气企业人才强企战略管理机制设计。提出机制设计的依据与思路，分析设计"生才"机制、"聚才"机制、"理才"机制、"用才"机制。第五，油气科技创新人才价值溯源分成评估。基于生产全要素驱动与人才价值创造，构建油气科技创新人才价值溯源分成评估模型，建立指标体系与参数选设并开展实证评估。第六，油气企业人才强企战略管理实践成效。以中国石油天然气股份有限公司西南油气田分公司（简称"西南油气田"）为例，分析管理实践与成效。

  本书研究得出五方面结论。

  第一，油气企业人才强企战略环境总体良好，机会大于威胁，优势明显但也面临发展挑战。世界主要国家都将人才发展战略置于国家战略层面考量、政策支持、多措并举，我国重视并提出深入实施新时代人才强国战略为人才发展提供了新方向，油气行业深入推进人才强企工程建设为人才发展管理提供了新路径，总体上为油气企业人才强企战略提供了良好机会；但日趋激烈的国内外人才竞争态势影响人才强企深入实施，创新要素激励机制有待完善可能影响人才创新发展，也对油气企业人才强企战略形成了一定威胁。经过长期以来的发展建设，油气企业形成了合理有序的人才组织管理体系、打造了结构良好的人才队伍体系、不断优化人才发展管理体系，是主要优势；劣势则是油气企业人力资源内部管理优化、人才队伍建设优化、人才培养与考核等方面还面临着问题与挑战。

　　第二，油气企业人才强企战略管理模型涵盖五个维度，以"七项工程"为牵引协同推进。人才战略的本质是将人才作为企业可持续发展的一种战略资源，为战略管理驱动人才强企提供了内生逻辑，应以战略管理理念创新油气企业现代化人力资源管理整体思维、以战略管理体系牢牢把握油气企业人才强企关键抓手、以战略管理工具提升油气企业人才强企工程质量效能。在此前提下，立足战略管理、人力资源管理等相关理论，坚持"支持战略""服务业务"和"赋能员工"的总体方向，构建油气企业人才强企战略管理模型，包含战略规划与目标体系、组织结构体系、业务流程体系、决策支持体系、绩效评估与激励体系等五个维度。以工程思维推进人才强企战略管理落实落地，需以七项人才重点工程为牵引，包含党建引领人才保障专项工程、组织体系优化提升专项工程、人才价值提升专项工程、领导班子功能强化专项工程、经营管理队伍建设专项工程、专业技术队伍发展引领专项工程、技能人才培养开发专项工程，整体统筹油气企业人才队伍建设。

第三，基于"生聚理用"的油气企业人才强企战略管理机制协同作用，能够促进油气企业人才发展边际效益递增效应。"生才"机制包含"使其生"和"使其成长为才"，需要持续优化育才规划、结合需求精准培养、拓展人才培养方式、完善培养支撑体系，促进人才资源向人才优势和竞争优势转换。"聚才"需要打造组织适配与岗位适配条件，多渠道持续引进人才、配套政策吸引人才、服务引领关爱人才、激励各类人才担当作为，从而发挥人才集聚效应。"理才"要以价值创造为导向、评价激励协同，优化全员绩效考核机制、推行多元化的工资总额决定机制、完善市场化的薪酬分配机制、构建人才定向奖励机制、完善薪酬精准激励机制，从而调动人才内生动力、最大限度发挥主观能动性和潜在能力。"用才"要针对不同的岗位配置合适的人才，通过树立鲜明用人导向、畅通人才职业发展通道、推动人才市场化流动配置、深化授权放权改革，从而促进人才在岗位上不断提升创新创造能动性、提升效能，实现人才价值贡献最大化。

第四，油气科技创新人才价值溯源分成能够实现对创新人才价值贡献的合理评估。油气科技创新是驱动油气产业高质量发展的主要动力之一，是一项涵盖油气科技成果研发、科技成果转化应用等核心业务的巨系统工程，人才在这个过程中扮演了重要的创新主体作用，通过技术创新与管理创新协同并促进成果产出和应用于油气企业生产运行，实现人才强企战略目标。根据生产要素分配理论、油气科技创新价值分享理论、国内外利润分享法的经验、创新成果经济价值分成的主控因素等，建立了油气科技创新人才价值溯源分成评估方法模型，关键点是在计算出单项油气科技创新成果经济价值后，立足创新点，以完成人参与度、完成人创新度和完成人贡献度为参数计算科技创新人才价值贡献率，以此对单一人才在创新点中的价值贡献进行追溯与确认。其中，完成人参与度与项目角色、参与阶段相关，完成人创新度与成果先进性、成果应用程度相关，完成人贡献度与知识产权贡献、其他有形化贡献相关。

第五，西南油气田深入实践油气企业人才强企战略管理，取得了系列成效。一是党建引领人才保障作用充分发挥，体现在党建工作制度体系持续完善、党员领导干部党性教育持续深入、党建研究成果持续深入、新生党员力量持续加入。二是组织体系优化对人才价值提升的推动作用充分发挥，表现在管理层级有效压缩、劳动效率持续提升、用工方式更加灵活、岗位价值充分体现。三是打造了一支结构合理、担当作为的干部人才队伍，包括干部人才队伍建设制度体系更加完善、干部人才队伍专业年龄结构更加合理、干部人才队伍情况掌握更加全面、年轻干部人才实践锻炼力度不断提升。四是打造了一支高素质专业化的专业技术人才队伍，包括专业技术序列改革成效显著、专业技术人才引进工作成效显著、专业技术人才能力素质提升显著、青年科技人才成果转化成效显著。五是打造了一支本领扎实能力过硬的技能人才队伍，包括技能人才管理机制不断完善、技能专家工作室效用不断提升、职业技能竞赛模式不断创新、高技能领军人才培养成效显著。

本书得以成稿，特别感谢中国石油西南油气田公司天然气经济研究所原所长、教授级高级经济师姜子昂先生，对方法模型设计提供了关键指导和宝贵意见；感谢张明、何润民、余晓钟、王径、高琼、任丽梅等在研究过程中多次给予的宝贵咨询意见；感谢夏季、方峦、王雪、何晋越、刘嘉、郭杰一、钟琳、乐彦婷、王蓓、周波、纪文、章成东、李佳、张岚岚、肖佳、杨品成、卢沁埏、陈灿、郭思怡、李庆、包娟、曹忠、罗天岱等在研究过程中提供资料等方面给予的大力支持。

本书适用于石油、天然气行业管理者和从业者阅读，适用于大型国有企业乃至能源行业推进人才创新发展的相关部门与人员阅读。

目 录

第一章　国内外人才发展战略管理进展与启示 ·················· 1

　　第一节　人才发展战略理论研究进展 ···················· 2

　　第二节　国外关于人才发展的战略部署与典型做法 ·········· 16

　　第三节　我国关于人才发展的战略部署与经验启示 ·········· 23

　　第四节　国内外代表性油气企业关于人才发展战略的

　　　　　　主要做法与经验 ···························· 40

第二章　油气企业人才发展战略环境分析 ···················· 45

　　第一节　优势分析 ···································· 46

　　第二节　劣势分析 ···································· 53

　　第三节　机会分析 ···································· 56

　　第四节　威胁分析 ···································· 59

第三章　油气企业人才强企战略管理模型构建 ················ 61

　　第一节　战略管理驱动油气企业人才强企内生逻辑 ·········· 62

　　第二节　模型结构设计与主要内容 ······················ 69

　　第三节　人才强企战略管理实施路径 ···················· 77

第四章　油气企业人才强企战略管理机制设计 ················ 91

　　第一节　机制设计的依据与思路 ························ 92

　　第二节　"生才"机制 ································ 99

　　　　第三节　"聚才"机制 …………………………………………… 109

　　　　第四节　"理才"机制 …………………………………………… 114

　　　　第五节　"用才"机制 …………………………………………… 120

第五章　油气科技创新人才价值溯源分成评估 …………………… 124

　　　　第一节　生产全要素驱动与人才价值创造 …………………… 125

　　　　第二节　油气科技创新人才价值溯源分成评估模型构建 …… 142

　　　　第三节　指标体系与参数选设 ………………………………… 151

　　　　第四节　评估实证 ……………………………………………… 161

第六章　油气企业人才强企战略管理实践成效

　　　　——以西南油气田为例 ……………………………………… 175

　　　　第一节　党建引领人才保障作用充分发挥 …………………… 176

　　　　第二节　组织体系优化对人才价值提升的推动作用

　　　　　　　　充分发挥 …………………………………………… 179

　　　　第三节　打造一支结构合理担当作为的干部人才队伍 ……… 182

　　　　第四节　打造一支高素质专业化的专业技术人才队伍 ……… 186

　　　　第五节　打造一支本领扎实能力过硬的技能人才队伍 ……… 189

参考文献 ……………………………………………………………… 193

第一章

国内外人才发展战略管理进展与启示

人才是指具有一定的专业知识或专门技能，创造性劳动并对社会作出贡献的人。第二次世界大战之后，发达国家的经济获得了长足的发展，与全面提高国民素质、重视人力资源的开发和有效利用及重视人才发展战略密切相关。我国人才发展战略与政策是伴随着对人才资源认识的上升不断演进的，从"人才是创新的核心要素"到"人才是第一资源"再到"人才是战略资源"，习近平总书记作出了"我国人才工作站在一个新的历史起点上"的科学判断。深入分析人才发展战略理论研究进展、国外关于人才发展的战略部署与典型做法、我国关于人才发展的战略部署与经验启示、国内外代表性油气企业关于人才发展战略的主要做法与经验等，能够为新时代油气企业人才发展战略管理提供理论支持与经验借鉴。

第一节 人才发展战略理论研究进展

一、相关概念界定

(一) 人才与油气企业人才

1. 人才的内涵

"人才"一词早见于《诗经》,君子能长育人才,则天下喜乐之矣,人才即德才兼备者。国内常见的人才定义指那些具有良好的内在素质,能够在一定条件下在某一领域、某一行业或某一工作岗位上通过不断地创造劳动成果,对社会的进步和发展产生了较大影响的人。《国家中长期人才发展规划纲要(2010—2020年)》中明确提出,人才是指具有一定的专业知识或专门技能,进行创造性劳动并对社会作出贡献的人,是人力资源中能力和素质较高的劳动者。人才是我国经济社会发展的第一资源。

马克思主义理论从人才的地位、培养和发展等多角度进行了阐述,是一个整体的理论体系,包括人类的全面发展的理论、人是生产要素、人的本质的理论和劳动价值的理论。在《关于费尔巴哈的提纲》一书中马克思曾提到人的本质在其现实性上,它是一切社会关系的总和。

现有研究认为:人才是在一定的社会条件下,拥有知识或技能,通过创造性劳动创造价值而对社会作出一定贡献的高素质劳动者。从五个方面进行解析:第一,人才的内涵具有历史性,不同的生产关系、交换方式、社会结构条件下对于人才的要求、标准各有不同；第二，人才是与其他劳动者相比具备专业知识和专业技能的人，这是人才的首要外在条件；第三，人类改造自然是通过有意识的活动，人才是具有创新意识创造性劳动以推动社会进步的精英人群，这是人才标准的核心内容；第四，以为社会作出贡献作为基点，这是对于人才选拔、培养、任用工作的价值追求，人只有将自己投入到社会建设中去，发挥自身能力与价值，才是人才本质的实现；第五，"高素质"不仅是自古以来对于人才的要求，也是新时代转型期高质量、高水平发展任务的需要，"具有较高的素质"是人才的内在条件，是对人才综合性的要求。

2. 人才的基本特征

一般来讲，人才是已经或能够创造较大社会价值的人，且具有较强的才能和良好的基本素质。人才的基本表征主要体现在以下三方面。

劳动成果的创造性。人类的劳动，按其性质可分为模仿性劳动、重复性劳动和创造性劳动三种类型。前两种劳动是以继承性劳动为重要特征，其结果只是将前人创造出来的劳动形式和经验进行重复，因而在劳动成果上无法有大的收获。一般人的劳动主要属于前两种。人才则不然，由于人才具有优越的内在素质，决定了他们的劳动以创造性劳动为主，他们能够、并乐于基于前人的经验及成果，进行多项创新，产生重要突破。

作出贡献的超常性。人才具有的创造性决定了其能够取得比一般人更大的社会成就，因而人才作出的贡献大于常人。

有良好的个人基本素质。人才基本素质主要包括思想境界、知识水平、个人意志和思维能力。人才应有高尚、开阔的思想境界，强烈的事业心和责任感，相对宽泛的知识面和相对深入的专门知识，有比较坚强的个人意志、顽强的工作作风和坚忍不拔的毅力，有科学的思维方法、敏捷的思维素养、前瞻的洞察能力和创新能力等。

3. 油气企业人才

油气企业人才包含油气管理人才、油气专业技术人才、油气操作技能人才。

油气管理人才是指在油气企业人才队伍中，具有较好的管理思维与领导能力，掌握一定管理技巧和能力，在企业经营管理中，出色地完成各项管理工作，创造管理价值的人员。

油气专业技术人才是指在油气企业人才队伍中，具备较强的科学思维和创新能力，掌握某个领域专业知识、技能，从事科学研究、技术开发方面专业性强、技术突出的人员。具体包括从事科学研究、工程设计、技术开发、科技服务、科技管理等科技创新性活动的人员。

油气操作技能人才是指在油气企业人才队伍中，从事现场操作中，在工艺技术改造、流程优化、发明创造等方面具备一定操作技能特长的人员。

(二) 人才强国

人才强国这一理念始终蕴含在人类社会历史发展的过程中，我国在新的历史方位上对人才强国理念的认识和实践不断深化发展，理解人才、人才强国与人才强国战略的时代含义及相互关系，把握其内在实质，是我国完善人才工作，推动人才支撑重大发展战略运行的首要条件。

人民群众是社会历史的创造者，而人民群众中具有才能、创造性的高素质人才在生产过程、意识形态塑造以及政治制度构建活动中作出了创造性的贡献，对社会历史的发展更具有重要推动作用。而在经济社会发展形态中，劳动力资本是最为核心的生产要素，是其他生产要素发挥作用的前提和条件，因而人才作为劳动群体的优秀部分必然是经济社会最为重要的资源。总之，人才是社会历史、经济发展和人类文明进程中最为根本性、战略性的因素，是第一资源。人才强国是以人的自由全面发展为价值追求，建设高质量人才队伍，充分发挥人才作用，并通过完善、科学的人才工作机制做好人才工作，使人才资源效应发挥最大化，建成社会主义现代化强国。从实质上说，人才强国就是以人才这一战略资源为支撑，通过人的全面发展以推动社会与国家的发展、提高国际竞争力的战略过程，这是一个具有辩证性、时代性的动态过程，是我国走向繁荣复兴、实现中国梦的必由之路。

（三）人才强企

人才强企的概念，是伴随人才强国概念的深入演化、适应于现代企业发展要求提出的。

人才强企，就是立足人才是企业发展第一资源，不断强化对人才要素的管理投入，通过"生聚理用"提升人才素质与能力，促进人才发展边际递增效应发挥，进而提高人才价值创造能动性和创新效率，不断将人才资源转化为人才资本，为推动企业高质量发展提供人才原动力。

二、相关理论基础

（一）人力资本理论

人力资本理论被正式纳入主流经济学，是美国经济学家西奥多·W.舒尔茨的贡献。1960年在美国经济学年会上，舒尔茨发表"人力资本投资"演说，被认为是人力资本理论正式进入主流经济学的标志。西方学者认为，人力资本是指"以较大的技艺、知识等形式体现于一个人身上而不是体现于一台机器上的资本"，或者说，"个人具备的才干、知识、技能被看作是一种生产出来的生产资料，被看作是投资的产物"时，就成为人力资本。人力资本理论在发展经济学中已得到了大量运用，目前已趋于成熟。人力资本的引入，解决了经济增长理论长期难以破解的"索洛余数之谜"，推动了经济增长理论的发展，同时人力资本理论也为企业理论、教育经济学理论、人口经济学理论、家庭经济学理论等作出了贡献。

人力资本理论对于改变我国经济增长方式具有重要的启发意义：人力资本理论将人的才能视为资本的观念，对于我国实施人才强国战略具有很大的推动作用；人力资本理论将有助于我们转变教育观念，将教育看作是一种投资行为，看作是能够获得回报的投资行为；人力资本理论也有助于促进我国收入分配制度和薪酬激励制度的改革。

桂昭明在《试论"人才资本"》一文中首次提出了"人才资本"的学术概念，认为人才资本是体现在人才本身和社会经济效益上，以人才的数量、质量和知识水平、创新能力特别是创造性的劳动成果及对人类的较大贡献所表现出来的价值。人才资本包括"显形资本"和"隐形资本"，"显形资本"即为人力资本意义上的教育、卫生保健、迁移等投资；"隐形资本"则由"学习资本"和"创新资本"所构成。"显形资本"是"隐形资本"形成的基础。人才资本对经济发展起决定性作用。首先，人才资本是经济发展中的主导性资源；其次，人才资本对于其他以物化形式出现的资本具有激活功能；再次，人才资本作为主导性资源，能够将自身同其他资本要素有机整合起来，从而形成推动经济发展的合力；最后，人才资本是可以反复利用的、通过"干中学"而可以无限累积的资本。人力资本理论及以此为基础建立的人才资本理论，对于研究人才战略具有重要的指导意义。

（二）劳动价值论

1. 劳动价值理论的内涵

马克思的劳动价值理论主要体现在以下几点：首先，他认为一切商品的价值都是由人的劳动创造的，凝结在商品价值中的社会必要劳动，是决定商品价格变动的终极原因；其次，他还认为一切商品都凝结着一定数量的人类劳动。这种劳动一方面是具体形态的劳动，另一方面同时又是抽象形态的劳动，即都是人的劳动力——脑力和体力在生产中的耗费和支出。正是由于存在着这种抽象形态的劳动，才产生各色各样具有不同使用价值的商品。在资产评估方面，马克思的劳动价值理论对技术资产评估有着如下几点启示。

（1）资产的价值由生产该项资产的社会必要劳动时间来决定，劳动是形成资产价值的决定因素，当然，对于技术资产来说，形成其价值的劳动更多的是人类的抽象智力劳动。这种智力劳动属于复杂劳动范畴，有很强的增值性，其表现出来的价值应该为简单劳动的倍数，技术资产的价值应该表现为付出的复杂劳动价值与物化的活劳动价值之和。

（2）社会劳动生产率随着社会科学技术水平的提高和劳动者技能的不断提高而得到提升，生产某项资产的社会必要劳动时间随着社会劳动生产率的提高而表现出下降的趋势。单位商品的价值量也随之有下降的趋势。

（3）所有商品的价值量由先进社会劳动生产率下的相同商品的社会必要劳动时间决定。从马克思的劳动价值理论可以看出技术资产的价值是由生产或研制该项资产的社会必要劳动时间来决定的，那么在评估技术资产时，如果一项资产在其研制过程中花费的人力、物力、财力多，其价值就高，反之，其价值就低。同时，注意到商品的价值量由先进劳动生产率下的社会必要劳动时间决定，在知识经济时代，社会科学技术水平提高越来越快，新的、更先进的技术不断涌现，导致原有技术资产的价值量不断下降。因此，在对技术资产进行评估时，还应充分考虑到技术资产的技术性贬值，将待评估技术资产置于技术水平变化的动态中加以衡量。

2. 劳动价值理论与技术资产价值

技术资产是人类劳动的成果，劳动价值理论对技术资产的价值进行解释也可以套用一般商品价值构成，即 $W=C+V+M$，其中 C 是物化劳动，$V+M$ 是投入活劳动的增值。对这个价值构成公式的理解可以从两方面进行：一方面从价值构成所占比例来讲，技术资产不同于一般商品，物化劳动所占的比重相对很低，而研发过程中投入的活劳动占据了绝大部分的比例，投入的活劳动中，智力劳动占据了绝大部分的比例，而体力劳动等简单劳动只占很小的比重。另一方面研发过程中投入的是大量的或劳动属于智力劳动，属于复杂劳动，具有非常强的增值性。$V+M$ 中 V 属于对智力劳动者的补偿，而 M 是智力劳动的剩余价值。在我国仍然存在"脑体倒挂"等现象，这意味着对智力劳动者的补偿被低估。因此

M相对而言占据比较大的比例。

运用劳动价值理论分析技术资产价值构成当然也存在着很多问题。首先，劳动价值论认为商品的价值取决于社会必要劳动时间，而技术资产具有独创性的特点，即技术资产的生产是创造性劳动的结果，这种过程一旦发生，不会循环往复，所以技术资产从某个角度来讲只有个别劳动时间而没有社会必要劳动时间之说，这就导致技术资产的社会必要劳动时间难以衡量；其次，劳动价值理论对"技术资产的价值严重背离其成本"这一现象无法解释。有的技术资产投入很低，却能给所有者带来巨额的利润，因而具有很高的价值。但有的技术资产投入很高，给所有者带来的效益可能很低，甚至微不足道。这种偏离是劳动价值理论无法解释的。

（三）人才激励相关理论

1. 马斯洛需求层次理论

美国心理学家马斯洛于20世纪中期在 *Motivation and Personality* 一书中提出需求层次理论，在其看来，人的需求能够从低到高分成五个方面，即生理需求方面、安全需求方面、社交需求方面、尊重需求方面以及最后的自我实现需求方面。该理论的核心思想是人的需求具有层次性，各层次需求相互依赖、同时存在，当低层次的需求相对满足时，会向高层次的需求发展，原层次的需求仍然会存在，但由原来的主导地位转为次要地位，对人行为的影响作用减小。因此，建立激励机制要区分需求层次。

马斯洛需求层次理论本身简单明了、易于理解、具有内在的逻辑性，在实践中应用广泛并且得到了良好认可。其中，企业管理通过实际的应用，基本遵循这个规律，管理者要想使企业利润最大化，就要了解员工需求，有针对性满足员工不同时期的需求，就要对马斯洛需求层次论进行深入了解。马斯洛需求层次理论之所以得到普遍的认可，要归功于该理论的直观逻辑性和易于理解的内容。

2. 期望理论

美国心理学家弗鲁姆在《工作与激励》中首先提出"期望理论"。弗鲁姆的期望理论认为：劳动者只有在认为可以通过某种行为以达到某一目标，且这一目标对此人具有足够的价值时，才会采取个人认为可以达到目标的行动，从而满足此人的个体需要，弗鲁姆将这一理论用：$M=V\times E$这一基本公式来表示，其中M表示激励力量，即个体受到激励的程度；V表示效价，即被激励者的预期结果能带来满足与否的程度，也就是旨在实现目标或做出成绩后能得到多大价值的报酬；E则表示期望值，即期望概率，指根据一个人的经验判断一定的行为能够导致某种有价值的结果和满足需要的概率。

根据该理论，人的工作积极性与"效价"和"期望值"成正比。"效价"指目标对于满足个人需要的价值，"期望值"指采取某种行为实现目标可能性的大小。只有"效价"和"期望值"都很大，人的工作热情才会很高。这个公式表明企业对员工实行合理的利润分享激励旨在更加有效地增加员工的激励力量，并通过这种激励力量在生产活动当中形成有效的生产力，使企业的利润在原有基础上进一步增长。这在两者当中形成了互为促进的作用。

因此，激励机制应具备规划性：一是要将企业发展目标分解为与人才自身认知相匹配的小目标，提高人才积极性；二是要充分利用目标导向作用，将人才发展目标与企业战略目标统一，最大程度发挥人才对企业战略实施的推动作用。

3. 波特—劳勒综合激励理论

行为科学家波特（Porter）和劳勒（Lawler）综合了多种激励理论后提出了波特—劳勒综合激励理论。具体内容是，一个人对工作的努力程度取决于该工作的效价和员工能够完成该工作的期望值。波特和劳勒认为，从开始激励到取得工作绩效之间有三个因素非常重要：能力、环境条件和角色认知。当一个人经过自己的努力，会得到两种报酬即内在报酬和外在报酬，但是并不是这两种报酬就可以决定个体是否满意，因为这个人会把自己所得到的报酬同自己认为应得到的报酬相比较。如果他认为相符合心理上有公平感，就会满意，并得到正向激励。反之，不仅不满意，还会起到消极作用。因此，管理者在对员工进行激励时，应该系统分析、全面考虑，才能收到预期激励效果。

4. 公平理论

美国行为科学家斯塔西·亚当斯于1965年提出公平理论。"公平"的概念包括两方面：一是收入本身的公平性，即自己的付出与回报是否合理；二是自己与他人之间的公平性，即自己的付出、回报与他人相比是否合理。通过将事实结果与个人预期相比较作出判断，若判断公平会起到激励作用，反之则会影响积极性。

三、文献研究现状与进展

（一）人才发展机制研究现状与进展

张煜（2021）提出了深化"生理聚用"人才发展机制的实现路径，刘亚旭（2021）等提出了突出价值创造引领、创新人才发展机制的方式，郭三林（2021）提出了强化体制机制改革、打造一流人才队伍的多条举措，孙晓军（2021）提出了创新人才评价机制以锻造高质量发展引擎的思路，赖维成（2021）等提出了推动技术、人才和油气发现协同发展的阶梯激励机制。总体而言，当前关于企业人才发展机制的研究，可以概括为六大机制：（1）人才引进机制。建立统一的高层次人才信息库和人才需求发布平台，利用社会专业机构引进急需紧缺人才，把握引进人才的特殊性，对于急需紧缺的人才要引得进、留得住。（2）人才选用机制。民主推荐，是选拔任用干部的必经程序；公开竞聘，是干部选用机制改革的重要措施；组织考察，形成全面客观评价；合理使用，用当其时、用当其位、人尽其才。（3）人才培养机制。健全符合企业发展需要的分层分类培训机制，完善有计划、有要求的岗位锻炼机制，建立面向不同岗位的首席领军机制，总结推广导师培养机制等。（4）人才交流机制。实行有计划、有目的的人才交流机制，推动人才交流轮岗，推动领导干部合理交流，提高干部的能力和水平，推动内部人才合理流动，培养复合型人才。（5）人才评价机制。以方位职责要求为基础，以品德、能力和绩效为导向，坚持分类分层评价，靠实践和价值贡献评价人才，建立业内认可度和社会影响力为主要标准的专业技术人才评价机制。（6）人才激励机制。根据经营管理、专业技术和技能人才等不同类型人才的岗位特点，建立健全与价值评价结果相符的收入分配机制，重视精神激励，统一规划制定各项荣誉制度，完善人才保障机制。这些研究成果，给企业人才发展机制创新与实践提供了参考和借鉴。

（二）人才价值评价研究现状与进展

在评价政策上，从2016年的全国科技创新大会、两院院士大会和中国科协第九次全国代表大会，到2018年和2021年的两院院士大会，习近平总书记在"民族振兴靠人才"的科学论断基础上，多次强调改革人才评价问题，要"破四唯"和"立新标"并举，加快建立以创新价值、能力、贡献为导向的科技人才评价体系。根据科技部人才中心史慧（2021）、中国科协创新战略研究院邓大胜（2021）等的研究，国家深化人才评价改革主要通过发挥人才评价功能和推进分类评价推进。一是坚决破除"四唯"现象，发挥人才评价"指挥棒"作用。在评价标准上，科技部、教育部和相关部门大力纠正人才评价标准单一化、数量化等不良倾向，针对科技项目、科技奖励、院士增选、职称评审、人员绩效考核等活动中的"四唯"等现象开展专项清理行动。二是推进分类评价改革，提高科技人才管理的针对性、科学性。在评价方式上，推行与岗位评聘制度相结合的科技人才分类评价，人社部牵头根据领域、行业、职业不同特点制定相关人才的职称改革指导意见，中国科学院建立了分类设岗、分类评价的人才管理体系，陕西等省市出台分类评价科技人才的实施意见，对从事基础研究、应用研究、技术开发、成果转化等不同创新活动的人员，制定完善的分类评价标准和办法。在评价流程上，更加强调专业化的同行评议，突出用人主体在评价人才中的主导作用，健全有关评审专家责任和信誉的监督机制。

在评价方法上，王馨（2020）等提出了基于熵权TOPSIS法的企业创新型技术人才价值评价，宋平（2020）等提出了基于价值工程的人才培养方案多目标评价与调整策略，杨月坤（2019）等构建了基于知识价值的创新型科技人才评价模型，刘正阳（2019）等提出了基于价值创造的企业会计人才评价理论框架、关键概念与运行机制。但是对企业而言,当前仍旧缺乏对人才价值的评价理论与方法的系统指导,特别是基础研究领域的价值贡献、管理创新领域的贡献,由于难以核算直接的经济效益,当前的评价指标导致成果价值弱化,并不能很好地实现以创新价值、能力、贡献进行科技人才绩效考评,"干多干少一个样""干与不干一个样"仍旧存在。

在评价指标上,战略性基础研究创新人才评价应以解决经济、社会、国家安全以及科学自身发展中的重大基础科学问题为导向,突出国家目标与科学发展目标的有机结合,以科学前沿的原始性创新和集成性创新、对国家重大需求的潜在贡献为评价重点。自由探索性基础研究创新人才评价应以保障科学研究自由,支持自由探索性基础研究创新人才挑战最前沿科学问题,重点评价学术独创性,鼓励自由科学探索新领域、提出新理论、设计新方法、发现新现象,注重对科学价值和人才培养的评价。技术开发与应用类创新人才评价应紧密结合经济建设和社会发展的需求,以技术推动和市场牵引为导向,以技术理论、关键技术和核心高技术的创新与集成水平、自主知识产权的产出、潜在的经济效益、社会效益等要素为评价重点。科技产业化创业人才评价以市场评价为主,建立企业为主体的科学技术成果转化与产业化机制,发展高新技术产业,优化调整产业结构为导向,以培育具有自主创新能力的高新技术企业为评价重点。不同类型人才分类价值分类分阶段评价指标体系见表1-1。

表1-1 分类评价指标重点

类型	前期评价	中期评价	后期评价
战略性基础研究创新人才	·学术创新性 ·研究方案的可行性 ·创新能力 ·工作基础和研究条件	·与目标的一致性 ·研究路线进展 ·取得的阶段效果	·创新价值 ·科学价值 ·代表性成果水平
自由探索性基础研究创新人才	·原始创新性 ·研究价值 ·目标设定 ·研究方案	·一般不做中期评价	·科学价值 ·学术独创性 ·科学严谨性 ·国际交流及人才培养状况
技术开发与应用类创新人才	·研究目标和内容的重要性与必要性 ·技术的创新性与实用性 ·研究方案的可行性 ·技术实力与研究基础 ·预期应用前景	·阶段目标实现情况 ·管理与实施 ·潜在的应用价值	·技术的创新与集成水平 ·关键技术的突破与掌握 ·自主知识产权的产出 ·技术标准研制、经济和社会效益
科技产业化创业人才	·技术创新性 ·产品市场化前景 ·对产业调整的作用 ·企业发展能力	·阶段性目标实现 ·市场开拓情况 ·产业化进展情况	·资金落实与使用情况 ·技术、质量指标完成情况 ·经济指标完成情况 ·总体目标完成情况

因此，企业要建立涵盖品德、知识、能力、业绩和贡献的人才考评体系，仍旧是一项复杂艰巨的任务，值得认真思考和探索。

第二节 国外关于人才发展的战略部署与典型做法

一、美国：人才优先战略

（一）人才优先系列政策

1. 技术移民政策

技术移民政策优惠是美国人才引进与留用一个重要的揽才方式，即授予非美国籍的专业工作人士在美永久居留权，俗称"绿卡"。第二次世界大战后，美国利用其本身优势，从欧洲揽入了大量高层次人才。流向美国的科技人才中，有90%来自英国与德国等欧洲发达国家。21世纪，亚洲、拉丁美洲地区中的发展中国家流向美国的人才比例上升，占输入科技人才比例最高。美国引进人才战略收效明显，据统计，美籍诺贝尔奖获得者多数出生在国外；硅谷人口中，亚裔人数占比超过20%。此外，全世界最有实力的人才中介公司及猎头公司中，近80%的机构集中在美国，如光辉国际、海德思哲等，具有强大的高端人才中介平台。

2. 大学终身教授制度

美国有大学终身教授制度，保证了大学校园的学术自由。联邦政府对大学科研的教育也非常重视，20世纪80年代颁布的《拜杜法案》，改变了科研专利"谁出资、谁拥有"的状况，让大学、研究机构能够享有政府资助科研成果的专利权。该法案推出后，极大激发科研人员成果转化的热情，美国的科研成果转化量增长明显。

3. 产学研协同创新

美国具有良好的产学研协同创新机制，一些大型企业与高校建立了长期合作的实验室，例如贝尔实验室、桑迪亚国家实验室等，均是由企业主导、与众多高校合作的著名实验室。美国高科技公司有比较完善的模式来制定和实行股票期权激励计划，使员工个人利益与企业及其股东利益保持一致，保持员工的黏性和创造力，提升公司业绩，如股票期权计划。此外，美国对于创新企业的规划管理非常重视，筑就了如硅谷、128 号公路高技术产业地带等世界著名科技园区，反哺企业人才培育，实现互相促进的良性循环。

(二) 核心关注点

美国早期移民阶段，坚持"所有的人都是才"；西进运动时，农业科技、工商和各种专门技术人才培养；第二次世界大战期间实施曼哈顿工程，科技人才发展与使用、不拘一格使用人才；第二次世界大战后建立大平台，引进开发高科技人才和 STEM 人才。经过积累发展，形成人才与国家发展战略目标相结合、与产业需求深入相融合、与使用条件相结合、与平台建设相结合的总体人才发展模式。其核心关注点有以下三点。

1. 注重人才培养

发展教育作为国家战略重点，出台了《美国 2000 年教育战略》《为 21 世纪而教育美国人》等法案；强化人才教育投入，要求企业每年必须至少以其全员工资总额 1% 的资金用于教育与培训，并逐年递增；重视继续教育，看作是衡量一个国家科技水平的重要标志，专门颁布了《成人教育法》。

2. 注重高层次人才吸引

奉行人才引进战略，出台灵活多样的移民政策、教育政策、人才政策。1901—2019年，获得诺贝尔化学、医学和物理学奖的移民人数占全美获奖人数的35%。高新科技产业方面，全球约有59%的顶级人工智能研究人员聚集在美国，其中约2/3的研究人员的本科学位均不在美国本土获得。

3. 强调人才使用与管理

强调民主竞争，充分发挥人才创新精神和工作热情；人才资源社会化程度高、市场配置人才资源；职业分工详细且实行具有强烈物质刺激为基础的工资福利制度。

二、德国：专业人才战略

（一）专业人才法案政策

面向2025年，德国政府于2018年9月通过《高技术战略2025》（HTS 2025），针对德国研究与创新政策的未来发展方向，确定了解决社会挑战、构建未来能力、树立开放创新和风险文化三大行动领域和12个优先发展主题。颁布了《专业人才战略》（2018），对是有劳动能力并能够为德国所用的人员进行教育、培训和工作设计，充分挖掘人才潜力，配套《技术工人移民法》《就业容忍法》《联邦职业教育法》《加强职业教育推进职业教育现代化法》等一系列法案和战略政策，构成了全方位、立体式的专业人才供给体系。在技术移民政策方面，德国对技术移民的评价标准着重于具备专业知识的科学家、特殊教学人士或科研人员。德国欧盟"蓝卡"签证是为高技术人才在德国就业的绿色通道，申请人需要有德国公司作为雇主，且签证政策偏好自然科学、数学、建筑学、城市规划、医学、IT类的高级专业技术人士，这类人士可以较快成功获得德国"蓝卡"。此外，德国还放宽留学生签证制度，增加了针对外国留学生的奖学金。从2011年起，外国留学生如果被德国企业或在德国被聘用，就可以获得在德国的居留许可。对于毕业后未能及时在德国成功就业的留学生，移民政策允许其居留一年寻求合适的就业机会。

德国注重科技人才政策大众化，德国的非营利科研协会和基金会都会制定政策吸引人才，如洪堡基金会、弗朗霍夫协会和学术国际网等都制定了一系列人才计划吸引国际一流的科学家。民间非营利组织洪堡基金会每年约资助600个洪堡科研基金项目，额度为每月2250欧元，同时，基金会负担差旅、家属补贴、学术会议补助等费用；德国弗朗霍夫协会则推出"吸引力"计划，旨在招募新人和培养有创新思想的杰出外来科学家。此外，德国所设立的国际学术联盟网络（German Academic International Network，GAIN），为旅居北美乃至全球地区的德国科学家搭建了交流平台，进行职业活动、研讨会等信息的分享。GAIN重点吸引旅居美国、加拿大的德国科技人才参与各项联络活动，强化与其的联系，同时为这些人才的家属提供学习、工作机会，进而提升他们的国家认同度，以此吸引优秀科技人才的回流。

（二）注重大学与职业双重教育

德国教育和德国科学基金会联合发起"德国大学卓越计划"（简称"卓越计划"），以资助大学的年轻科研人员，增加高校与高校、高校与国际学术机构之间的合作。进入"卓越计划"的德国精英大学名单由科学基金评审，筛选标准高，且可进可出，不存在终身制。德国大学"卓越计划"分别从博士研究培养项目，跨学科、跨单位的研究项目，以及有特色、有国际竞争力的科研和学科这三个方向进行资助，将教学与科研结合于一体，把科研和人才培养列为大学"卓越计划"的核心内容。此外，德国联邦政府还设立了"国际研究基金奖"，支持德国科学界和高等院校与国际合作伙伴结成顶级国际联盟，吸纳所有学科、所有国家的顶级科学家到德国工作，最高奖金可达500万欧元。

  德国的"双元制"职业教育在全球范围内都具有领先性和指导性，所有人员必须经过职业学校的知识传授型学习以及企业、单位的校外实训。企业与学校共同承担高等职业教育，由联邦政府、州政府以及小型企业通过法律合同联合建立培训中心，开展专业操作技能和知识培训。双元制教育模式使学生能够同时接受理论和实践培养，对社会具有非常高的价值。在双元制职业教育体系下，整个教育是在工厂企业和国家的职业学校培训中完成的，教育期间，免除学生所有学费、书本费，教育经费及学生实训工资由企业承担。德国联邦政府对职业教育进行统一指导与协调，并制定相关法规完善双元制教育制度。德国社会对双元制教育的承认度非常高，以企业为主的职业技能培训在德国有广泛社会基础，职业培训证书的含金量与学位证书相当，通过培训的人员的收入待遇也处于德国较高水平。双元制教育强调学徒为将来的工作而学习，理论课程以适应实践需要为主要目标，确保了培训质量和效率。双元制大学模式要求学生具有相关的毕业证书，进入双元制大学的学生还要与企业签订合同，在培训期间可以获得工资，以此进一步激发人才的积极性。同时，双元制教育制度还具有学制较短、实践性强、专业水平高的特点，保障了德国传统优势工业后备人才库的人员充足。

三、英国：全球化的人才观

（一）全球化人才政策

英国政府推出毕业生企业家签证（Tier 1 Graduate Entrepreneur）制度，由英国本地著名大学作为担保人，吸纳接受过国际上公认的高等教育并且有好的创业想法的毕业生在英国创立自己公司，以促进当地就业，申请人在英国居留5年后即可申请永居。英国2017年修改移民积分系统，以年龄、教育背景、专业等指标对留学或移民进行评估。新的计分方式对于申请人的语言、技术和资金要求更加严格，高级技术人才、教师、护士等英国紧缺职业的技术人才更容易获得英国公民身份。此外，英国政府推出基于全国的人才保留计划（Talent Retention Solution，TRS），搭建全国性的网络平台，促进先进制造业领域的人才流动，促进相关工程技术人才就业。

英国并没有限制本地人才流动，更着重创造人才回流的条件。以牛津大学为主的一流高校吸引许多世界著名学者在英国任教，即便收入待遇不如其他学校，但英国高校营造的非商业化的严谨治学氛围使许多教授愿意从其他学校回到牛津。此外，为吸引科技人才，英国设立了一系列人才资助计划，吸引优秀学者在英从事学术研究，包括海外研究学生基金计划（The Overseas Research Students Awards Schemes）、Wolfson研究功勋奖（The Royal Society Wolfson Research Merit Award）等等。由英国大学代英国教育与就业部管理的海外研究学生基金计划，用于资助有研究能力的全日制课程海外研究生，费用包括国际学生与本国学生学费的差额部分。Wolfson研究功勋奖由英国皇家学会颁发，旨在资助自然科学的发展，促进海外学者和英国学者之间的合作，吸引优秀的科学家留英开展研究项目。

（二）关注人才培养

英国注重加强早期创新人才的培养，培养和输送最出色的人才。英国政府投入资金提升中小学教育教师质量，增加数学和物理教师队伍的人数。英国针对硕士研究生（MTGs）和博士研究生（DTGs）设立了整额拨款奖学金计划，英国自然科学研究理事会还成立了博士培训资助计划（DTGs），由相关研究委员会直接拨款给研究机构，由对应的研究机构负责筛选符合标准的学生进行资助，取代了学生自己申请资助的方式，以扩大资助面。英国的创新水平在欧盟各国中处于领先地位，为促进科技的大众化，英国政府投入了大量资金，营造创业环境，增加风投基金、设立孵化器，让更多人参与到科技领域。

英国推出一系列围绕学徒培养与技能培训的计划，提高优秀学徒的供应，并改变目前技能培训的情况，设立学徒行业标准，覆盖从原子能工程师到生活技术人员和电焊工等多种技能型职业，以提升相关学徒的整体水平，满足企业家的需求。企业雇主也积极参与到学徒计划当中，承诺提供职业以及资金支持学徒培养和职业技能培训。英国学徒制鼓励适龄人群参加学徒制，强调学徒制所带来的技能价值，进一步提高学徒的数量和质量，完善由雇主主导的学徒制。目前筹建劳埃德先进制造业培训中心，也都以科学、技术、工程、数学（STEM）重点部门技能需求为目标。此外，英国已经成立高铁、核技能以及陆上油气国家学院，继续创建数字技能、风能和先进制造国家学院。

第三节　我国关于人才发展的战略部署与经验启示

一、重视人才发展并形成了不同时期的人才发展理念

我国历来注重人才，从古代"选贤任能""能者多得""广开言路""广纳天下英才"等治国方略到"千金买骨""西邻五子""三顾茅庐""萧何月下追韩信"等经典直至科举制度，都印证着人才是推动历史进程的关键一轴。从辛亥革命到五四运动，知识分子在推动民族救亡中起到了重要作用；即使在最艰苦的时期，中国共产党也将人才培育放在重要位置，比如在延安恢复中央党校、建立延安大学、抗日军政大学、陕北公学、鲁迅艺术学院等院校，吸引全国各地的革命人才。

新中国成立以来，以毛泽东、邓小平、江泽民、胡锦涛同志为核心的四代中央领导集体高度重视人才工作，提出"尊重知识、尊重人才"，实施人才战略，开发人才资源，大批优秀人才脱颖而出、健康成长，在改革开放和现代化建设中发挥了重要作用，人才队伍建设取得显著成绩。毛泽东高度重视人才工作，多次强调人的因素是第一位的，提出"政治路线确定之后，干部就是决定的因素"，在党的八届三中全会上更加明确提出要抓紧建成一支无产阶级的知识队伍，人才也要"又红又专"。改革开放后，邓小平作为改革开放的总设计师，多次强调"中国的事情关键在于人才""人才不断涌出，我们的事业才有希望"，提出人才是科学技术的主要生产力，更加注重人才培育；江泽民提出了"人才是第

一资源"的科学论断；胡锦涛在继承前任领袖人才理念的基础上，提出了以人为本的发展理念，提出"要关心人才成长，鼓励和支持人人都能成才，行行出状元"。对于不同时期推进我国人才发展建设，提供了方向指引。

党的十八大以来，以习近平同志为核心的党中央在我国不同时期丰富的人才理念基础上，将人才提升到了"最宝贵的资源""第一资源"位置，强调要"聚天下英才而用之""在全社会大兴识才爱才敬才用才之风""让人才事业兴旺起来"等，创新发展了中国特色人才发展理念。主要体现在六个思想维度：一是人才意识思想，立足思想是行动的先导，高度重视人才工作，着眼执政兴国的根本性资源，在树立党政负责人强烈的人才意识上提出更高要求，把增强各级党政主要负责人的人才意识放在首位。二是人才强国思想，着眼加快实施人才强国目标，多次对人才强国作出重要论述，在鼓励人才把自己的智慧和力量奉献给中国梦上进一步明确方向。三是人才队伍思想，多次强调"创新驱动实质上是人才驱动"，提出"根在基层，重在落实"，着眼统筹推进各类人才队伍建设，在加强创新型科技人才等队伍建设上采取更实措施。四是人才开放思想，多次提出"聚天下英才而用之"，着眼敞开大门招四方之才，在实施更加开放的人才政策上迈出更大步子，体现了国家人才战略的全球化发展思路，是一个时代性的人才战略思想。五是人才改革思想，作出"要着力破除体制机制障碍，向用人主体放权，为人才松绑"的指示，着眼全面深化人才制度改革，在推进人才发展体制机制改革上取得更大突破。六是党管人才思想，着眼坚持和完善党管人才原则，提出"坚持和完善党管人才原则，推进人才工作科学化"，在推进人才治理、加快人才工作科学化上力求更大成效。

进入新时代，习近平总书记进一步提出深入实施新时代人才强国战略、加快建设世界重要人才中心和创新高地的理念，强调必须坚持党管人才，坚持面向世界科技前沿、面向经济主战场、面向国家重大需求、面向人民生命健康，深入实施新时代人才强国战略，全方位培养、引进、用好人才，加快建设世界重要人才中心和创新高地，为2035年基本实现社会主义现代化提供人才支撑，为2050年全面建成社会主义现代化强国打好人才基础。

二、人才发展理念有效支撑了人才强国战略纵深发展

（一）人才强国战略提出

我国的人才发展战略与政策是伴随着对人才资源认识的上升不断演进的。1978年12月，党的十一届三中全会后，党中央确立了"尊重知识、尊重人才"的国策，作出了"人才资源是第一资源"的战略论断，确定了干部队伍建设"革命化、年轻化、知识化、专业化"的四化方针，先后恢复高考招生制度、职称制度、院士制度，建立了博士后培养制度、享受政府特殊津贴专家、有突出贡献的中青年专家、"百千万人才工程"选拔制度，为推进经济建设和改革开放提供了强有力的人才保障。

进入21世纪，国际国内形势的新变化，进一步把人才问题推到了国家发展的战略层面。2000年，中央经济工作会议首次提出"要制定和实施人才战略"；党的十五届五中全会提出，要把培养、吸引和用好人才作为一项重大的战略任务切实抓好，努力建设一支宏大的、高素质的人才队伍。2001年，发布《中华人民共和国国民经济和社会发展第十个五年计划纲要》，专章提出"实施

人才战略，壮大人才队伍"，这是我国首次将人才战略确立为国家战略，将其纳入经济社会发展的总体规划和布局并作为重要组成部分。

2002年，中共中央办公厅、国务院办公厅印发《2002—2005年全国人才队伍建设规划纲要》，是对此前提出的国家人才战略理念的深化和系统展开，首次提出"实施人才强国战略"，对新时期我国人才队伍建设进行了总体谋划，明确了当前和今后一个时期我国人才队伍建设的指导方针、目标任务和主要政策措施。次年，中央政治局专门研究人才工作，成立了中央人才工作协调小组。

2003年12月，中央召开第一次全国人才工作会议，通过了《中共中央、国务院关于进一步加强人才工作的决定》，提出大力实施人才强国战略是新世纪新阶段人才工作的根本任务；明确阐述了实施人才强国战略的科学内涵、指导思想、根本原则和基本要求；详细阐述了人才工作的具体任务和战略抓手，包括人才培养、人才评价和使用、人才市场体系建设、人才激励和保障、高层次人才队伍建设、人才工作协调发展等，对之后一个时期的人才工作进行了全面部署；提出党管人才原则是开创人才工作新局面的根本保证，阐明了党管人才的重大意义、科学内涵、工作要求和工作格局；强调要坚持党总揽全局、协调各方的原则，各级党委和政府要把人才工作作为一项重大而紧迫的战略任务，切实抓紧抓好。第一次全国人才工作会议和《中共中央、国务院关于进一步加强人才工作的决定》不仅把人才问题提到了国家战略的层面，而且深刻揭示了人才工作与经济社会和中华民族伟大复兴的内在联系，刷新了人才工作的起点，对我国大力实施人才强国战略，推进全面建设小康社会的历史进程具有里程碑意义。

(二)人才强国战略实施

2007年10月,党的第十七次全国代表大会召开,将人才强国战略与科教兴国战略、可持续发展战略确立为经济社会发展的三大国家战略,并写进了党代会报告和党章,人才强国战略的实施进入了全面推进的新阶段。

2010年,《国家中长期人才发展规划纲要(2010—2020年)》发布,根据党的十七大提出的更好实施人才强国战略的总体要求,提出了当前和今后一个时期,我国人才发展的指导方针,即服务发展、人才优先、以用为本、创新机制、高端引领、整体开发;人才队伍建设主要任务是突出培养造就创新型科技人才、大力开发经济社会发展重点领域急需紧缺专门人才、统筹推进各类人才队伍建设;实施重大人才工程,包括创新人才推进计划、青年英才开发计划、企业经营管理人才素质提升工程、高素质教育人才培养工程、文化名家工程、全民健康卫生人才保障工程、海外高层次人才引进计划、专业技术人才知识更新工程、国家高技能人才振兴计划、现代农业人才支撑计划、边远贫困地区边疆民族地区和革命老区人才支持计划、高校毕业生基层培养计划共12项。

2012年11月,党的第十八次全国代表大会召开,提出加快确立人才优先发展战略布局。党的十八大以来,国家将人才作为创新的第一资源,把加快建设人才强国摆到更加突出的位置,围绕"人才建设"所提出的一系列新思想、新观点、新论断,不仅为我国的人才培养、人才积累、人才激励等方面指明了方向,更时刻显示出党和国家对"人才"由衷的关注、关心与关怀,是全国人民对"人才强国"战略发自内心的认同与遵循。国家先后出台了系列政策制度,深刻回答了为什么建设人才强国、什么是人才强国、怎样建设人才强国的重大理论和实践问题，有效促进我国人才资源总量从2010年的1.2亿人增长到2019年的2.2亿人，各类研发人员全时当量达到480万人年，居世界首位；我国研发经费投入从2012年的1.03万亿元增长到2020年的2.44万亿元，居世界第二；从世界知识产权组织等发布的全球创新指数来看，我国排名从2012年的第34位快速上升到2021年的第12位。

（三）新时代人才强国战略提升

2021年，人力资本对中国经济增长的贡献率达36.8%，其中人才贡献率达到34.5%。我国已经拥有了一支规模领先全球、质量具备比较优势的人才队伍，人才工作已经站在新的历史起点上。

2021年9月，中央人才工作会议召开，提出实施新时代人才强国战略总体布局。习近平总书记在会上提出要深入实施新时代人才强国战略、加快建设世界重要人才中心和创新高地，阐明了人才对于党和国家事业发展的基础性、战略性和决定性作用，为新时代人才工作和建设人才强国指明了前进方向、提供了根本遵循；强调坚持党对人才工作的全面领导、人才引领发展的战略地位、全方位培养用好人才、深化人才发展体制机制改革、聚天下英才而用之、营造识才爱才敬才用才环境、弘扬科学家精神等"八个坚持"，提出了"十四五""十五五"乃至"十六五"的人才强国战略目标体系，为新时代企业加强人才工作提供了重要的战略指引。

2017年10月，党的第十九次全国代表大会召开，提出了"人才是实现民族振兴、赢得国际竞争主动的战略资源"的重要论断，强调要加快建设人才强国。人才强国战略的实施，极大地调动了各类人才的积极性和创造性，激发了我国经济社会各项事业发展的活力。实践充分证明，实施人才强国战略是实现国家富强、民族复兴的重大举措，是统筹推进"五位一体"总体布局、协调推进"四个全面"战略布局的重要保证。党的十九大报告把人才工作放到党和国家工作的重要位置，对人才工作进行了新定位、提出了新要求、明确了新任务，对人才工作提出了"一个加快""三个更加"的要求，即"坚持党管人才原则，聚天下英才而用之，加快建设人才强国"和"更加积极、更加开放、更加有效的人才政策"，指出了人才工作坚持的原则、目标和路径；特别提出"要加强国家创新体系建设，强化战略科技力量，培养造就一大批具有国际水平的战略科技人才、科技领军人才、青年科技人才和高水平创新团队"。

2022年10月，党的第二十次全国代表大会召开，提出深入实施科教兴国战略、人才强国战略、创新驱动发展战略，强调坚持尊重劳动、尊重知识、尊重人才、尊重创造，实施更加积极、更加开放、更加有效的人才政策，着力形成人才国际竞争的比较优势，加快建设国家战略人才力量，深化人才发展体制机制改革，把各方面优秀人才集聚到党和人民事业中来。党的二十大报告为我国深入实施新时代人才强国战略进一步指明了方向。

2022年4月29日，中共中央政治局召开会议，分析研究当前经济形势和经济工作，审议《国家"十四五"期间人才发展规划》，激发人才活力将是"十四五"时期人才工作新布局的着力点，更好发挥"人才是实现民族振兴、赢得国际竞争主动的战略资源"作用。

三、人才强国战略指引人才发展系列政策制度出台

（一）政策制度

党的十八大以来，党中央站在以党的伟大自我革命引领伟大社会革命的战略高度，对全面从严治党、推进领导干部能上能下作出一系列重大决策部署，围绕培养造就堪当民族复兴重任的高素质干部队伍，制定实施专门规定，采取有力措施，在解决干部能上能下、干部队伍素质提升、增强推进中国式现代化建设本领等层面取得突破性进展（见表1-2）。

表1-2　国家关于管理人才建设相关政策概览

时间	出台部门	文件名称	政策核心点
2015.10	中共中央	干部教育培训工作条例	管理体制、教育培训对象、教育培训内容、教育培训方式方法、教育培训机构、师资课程教材经费、考核与评估等9章62条
2016.3	中共中央	关于深化人才发展体制机制改革的意见	推进人才管理体制改革、改进人才培养支持机制、创新人才评价机制、健全人才顺畅流动机制、强化人才创新创业激励机制、构建具有国际竞争力的引才用才机制、建立人才优先发展保障机制、加强对人才工作的领导等9方面30条
2016.11	中央全面深化改革领导小组第二十九次会议	关于深化职称制度改革的意见	健全职称制度体系、完善职称评价标准、创新职称评价机制、促进职称评价与人才培养使用相结合、改进职称管理服务方式等6方面18条
2017.4	中共中央组织部	领导干部报告个人有关事项规定	规定了立规的目的和依据、适用对象、报告内容、报告程序和报告材料的查阅、汇总综合、抽查核实及违反规定的处理等。进一步突出了"关键少数"、报告事项内容更有关联性、增加抽查核实

续表

时间	出台部门	文件名称	政策核心点
2017.11	人社部办公厅	关于在部分职称系列设置正高级职称有关问题的通知	目前未设置正高级职称的职称系列均设置到正高级，11个系列新增正高级职称、13个专业加入职称评审；将品德放在评价首位，特殊人才特殊方式评价；推行"代表作制度"，研究成果有重大突破可直接申报高级职称
2018.11	中共中央办公厅	干部人事档案工作条例	共7章46条，明确了干部人事档案概念、作用以及干部人事档案工作的指导思想、工作原则、基本要求和主要内容，覆盖了干部人事档案管理的全过程和各环节
2019.3	中共中央组织部	党政领导干部选拔任用工作条例	选拔任用条件、分析研判和动议、民主推荐考察、讨论决定、任职、依法推荐提名和民主协商、交流回避、免辞降职、纪律和监督等12章69条
2019.7	人社部	职称评审管理暂行规定	对职称评审涉及的职称评审委员会、申报审核、组织评审、评审服务、监督管理、法律责任等方面进行了8章44条规定
2020.10	中共中央组织部	关于改进推动高质量发展的政绩考核的通知	聚焦推动高质量发展优化政绩考核内容指标，把人民群众的获得感幸福感安全感作为评判重要标准、多种方式考准考实、奖惩分明奖优罚劣激励担当作为
2022.1	中共中央办公厅	事业单位领导人员管理规定（修订）	事业单位领导人员基本条件与资格、选拔任用、任期和任期目标责任、考核评价等10章51条
2022.6	中共中央办公厅	领导干部配偶、子女及其配偶经商办企业管理规定	适用对象、每年报告个人有关事项时的事项、对领导干部不如实报告的进行严肃问责
2022.9	中共中央办公厅	推进领导干部能上能下规定（修订）	修订新增六条内容，整合、删除七条，涉及干部下的渠道、适用范围、不适宜担任现职的主要情形、分析研判、核实认定、调整程序、调整方式、工作责任等内容，对党委（党组）及其组织（人事）部门提出了新要求
2023.10	中共中央	全国干部教育培训规划（2023—2027年）	对习近平新时代中国特色社会主义思想教育培训作出部署，对加强政治训练、履职能力培训作出部署，对干部教育培训资源建设、数字化建设、改革创新作出部署

贯彻落实习近平新时代中国特色社会主义思想和党的二十大精神，培养造就政治过硬、适应新时代要求、具备领导社会主义现代化建设能力的高素质干部队伍，具有4个特点：一是旗帜鲜明讲政治，全面贯彻习近平新时代中国特色社会主义思想，深入贯彻党的二十大精神，深入贯彻习近平总书记关于党的建设的重要思想。二是体现时代要求，聚焦新时代新征程党的使命任务，着眼建设堪当民族复兴重任的高素质干部队伍。三是坚持守正创新，传承和弘扬干部教育培训好传统好经验，充分吸收创新做法，推动新时代干部教育培训工作在继承中创新、在创新中发展。四是注重务实管用，通过设置量化指标、安排重点计划、明确工作举措等，便利操作执行，确保落地落实。

(二)科技人才队伍建设政策制度

伴随我国对科技人才的认识从"人才是创新的核心要素"到"人才是第一资源"再到人才是"战略资源"不断深化，科技人才政策围绕在科技管理体制机制、考核机制、激励机制、产学研机制、科技创新动力机制、科研成果转化机制、创新人才培养机制等方面不断完善。根据科技部人才中心政策研究小组（2021）关于党的十八大以来科技人才政策研究成果，自2013年以来，党中央、国务院及有关部门共出台科技人才相关政策220项，其中，党中央、国务院层面出台76项，占比为34.5%；科技部、教育部等有关部门出台政策文件共144份，占比为65.5%；按照10大政策方向，共梳理形成了66个政策门类和1031条政策要点，总体来看，科技人才政策基本涵盖了各个研究类别、不同职业发展阶段、不同年龄、不同层次的科技人才。政策亮点概括为两个方面。一是以人才、项目、基地、环境为主线协同推进科技人才体制机制改革,具体体现为:以评价机制改革引领科技创新"风向标"、以激励机制改革释放科技人才创新活力、以科技计划管理改革促进科技人才在使用中成长、以科研机构改革优化科技人才成长发展事业平台、以区域改革先行先试营造科技人才创新创业良好环境。二是政策亮点纷呈,受到科技人才热烈欢迎,具体体现为:优化科技计划过程管理、为科研人员松绑减负,推进科技成果转化政策落实、加大科技人才激励力度,突破科技人才流动的制度障碍、促进人才资源有效配置,实行更加开放的科技人才政策、聚天下英才而用之,加强诚信建设、营造良好学风文化。

实际上,自国家实施创新驱动发展战略以来,仅是围绕成果转化、绩效评价、收益分配等激励关键环节,国家就先后出台了系列政策(见表1-3),在推进科技体制机制改革纵深发展的同时,不断加大对智力劳动价值贡献的激励以调动科研人员积极性,为国内科研院所、企业、高校等加快科技创新步伐提供了良好的政策制度保障。

表1-3 国家关于科技体制机制创新与科技激励相关政策概览

时间	出台部门	文件名称	政策核心点
2015.3	中共中央、国务院	关于深化体制机制改革加快实施创新驱动发展战略若干意见	完善成果转化激励政策:加快下放科技成果使用、处置和收益权,提高科研人员成果转化收益比例(不低于奖励总额50%),加大科研人员股权激励力度
2015.8	第十二届全国人大常委会(修订)	中华人民共和国促进科技成果转化法	完善评价激励机制,对科技成果的主要完成人和其他对科技成果转化作出重要贡献的人员,区分不同情况给予现金、股份或者出资比例等奖励和报酬;企业按规定提取的奖酬金不受当年本单位工资总额限制

续表

时间	出台部门	文件名称	政策核心点
2016.3	国务院	实施《中华人民共和国促进科技成果转化法》若干规定	营造科技成果转移转化良好环境，从技术转让或者许可所取得的净收入中提取50%激励科技人员，主要贡献者获得奖励份额不低于奖励总额50%
2016.5	中共中央、国务院	国家创新驱动发展战略纲要	发展安全清洁高效的现代能源技术，把技术转移和科研成果对经济社会的影响纳入科研院所评价指标，把研发投入和创新绩效作为国有企业重要考核指标
2016.7	中央办公厅、国务院办公厅	进一步完善中央财政科研项目资金管理等政策的若干意见	加大对科研人员的激励力度，取消绩效支出比例限制，绩效支出安排与科研人员在项目工作中的实际贡献挂钩；明确劳务费开支范围，不设比例限制
2016.11	中央办公厅、国务院办公厅	关于实行以增加知识价值为导向分配政策的若干意见	通过稳定提高基本工资、加大绩效工资分配激励力度、落实科技成果转化奖励等激励措施，构建体现增加知识价值的收入分配机制，加强科技成果产权对科研人员的长期激励
2016.11	中共中央办公厅、国务院办公厅	关于深化职称制度改革的意见	健全职称制度体系，完善职称评价标准，分类评价专业技术人才能力素质，突出评价专业技术人才的业绩水平和实际贡献，创新职称评价机制
2018.2	中共中央办公厅、国务院办公厅	关于分类推进人才评价机制改革的指导意见	改进和创新人才评价方式，创新多元评价方式，科学设置人才评价周期，畅通人才评价渠道，加快推进重点领域人才评价改革
2018.7	国务院	关于优化科研管理提升科研绩效若干措施的通知	推进科技领域"放管服"改革：优化科研项目和经费管理，完善有利于创新的评价激励制度，强化科研项目绩效评价，完善分级责任担当机制，开展基于绩效、诚信和能力的科研管理改革试点
2019.1	国务院办公厅	关于抓好赋予科研机构和人员更大自主权有关文件贯彻落实工作的通知	深入推进下放科技管理权限工作，进一步做好已出台法规文件中相关规定的衔接，特别是应明确各单位内部科研人员获得科技成果转化收益的具体办法

第一章　国内外人才发展战略管理进展与启示

续表

时间	出台部门	文件名称	政策核心点
2020.5	科技部等九部门	赋予科研人员职务科技成果所有权或长期使用权试点实施方案	试点单位可赋予科研人员不低于10年的职务科技成果长期使用权,发放给技术开发、技术咨询、技术服务等科技成果转化重要贡献人员的现金奖励不受单位总量限制
2021.2	人社部、财政部、科技部	事业单位科研人员职务科技成果转化现金奖励纳入绩效工资管理有关问题的通知	事业单位、科研单位的科研人员获得的职务科技成果转化现金奖励计入当年本单位绩效工资总额,不受总量限制,不纳入总量基数,不作为社会保险缴费基数
2021.4	发改委、科技部	关于深入推进全面创新改革工作的通知	四项任务:构建高效运行的科研体系、打好关键核心技术攻坚战、促进技术要素市场体系建设和包容审慎监管新产业新业态。特别强调赋予科研人员职务科技成果所有权和长期使用权,制定科技成果转化尽职免责负面清单和容错机制
2021.9	人社部、教育部	关于深化实验技术人才职称制度改革的指导意见	健全制度体系、完善评价标准、创新评价机制、加强评审监管、强化结果应用等改革措施,提出了实验技术人才职称评价基本标准
2021.12	国务院办公厅	要素市场化配置综合改革试点总体方案	进一步提出了推动劳动力要素合理畅通有序流动试点任务,包括指导用人单位坚持需求导向,采取符合实际的引才措施,加强创新型、技能型人才培养,加强技术转移专业人才队伍建设,建立健全对科技成果转化人才等的评价与激励办法等
2022.1	全国人民代表大会常务委员会	中华人民共和国科学技术进步法	从法律层面进一步强化人才第一资源作用,提出提高科技人员社会地位、培养和造就人才、完善分类评价等多条举措,为深化人才发展体制机制改革提供了重要的法律保障
2022.11	人社部办公厅	国有企业科技人才薪酬分配指引	科技人才薪酬制度体系包括岗位评价和职级评定、绩效管理、薪酬结构、薪酬水平确定和调整、中长期激励等制度,明确了岗位、职级评定和绩效管理、当期薪酬(包括岗位基本薪酬、绩效薪酬、特殊薪酬)、中长期激励及薪酬水平

35

续表

时间	出台部门	文件名称	政策核心点
2023.4	二十届中央全面深化改革委员会	关于强化企业科技创新主体地位的意见	对政策、资金、项目、平台、人才等关键创新资源系统布局，支持企业成为人才"引育用留"主体，发挥企业在人才引进、培育、使用、留用和成长的场景优势，加强高校人才培养体系和企业人才使用体系的深度融合
2023.8	中共中央办公厅、国务院办公厅	关于进一步加强青年科技人才培养和使用的若干措施	支持青年科技人才在国家重大科技任务中"挑大梁""当主角"，加大基本科研业务费对职业早期青年科技人才稳定支持力度，完善自然科学领域博士后培养机制，更好发挥青年科技人才决策咨询作用，提升科研单位人才自主评价能力，减轻青年科技人才非科研负担，加大力度支持青年科技人才开展国际科技交流合作
2023.10	国务院办公厅	专利转化运用专项行动方案（2023—2025年）	建立单位、科研人员和技术转移机构等权利义务对等的知识产权收益分配机制，在人才评价、职称评定等工作中，要将专利的转化效益作为重要评价标准，不得直接将专利数量作为主要条件

综上，党和国家关于完善科技创新体制机制落实科技激励的相关政策，主要体现在6个方面：（1）总体上，坚持生产要素按贡献参与收益分配前提，不断强化以科技成果为对象和载体，进行科技激励相关体制机制制度创新；（2）下放科技成果转化处置权，科研单位对其持有的科技成果，可以自主决定转让、许可或者作价投资；（3）科技成果收益留归科研单位，在对成果完成、成果转化作出重要贡献的人员给予奖励和报酬后，收益主要用于科技研发与成果转化等相关工作；（4）大幅提高对科研人员奖励比例，对科研人员奖励和报酬的最低标准，由现行法律不低于转化收益的

20%提高至50%；（5）分类改革，实施股权和分红激励，推动形成体现增加知识价值的收入分配机制，加快科技成果转化，激发科研院所活力，并进一步强化企业在成果转化过程中的主体地位；（6）政策制度的着眼点越来越具象，针对职务科技成果所有权、科技成果评价、要素市场化、国有企业科技人才薪酬分配等，针对性和可操作性不断深化，对于更好释放创新活力动力具有更加直接的推动作用。

（三）技能人才队伍建设政策制度

党中央、国务院历来高度重视产业工人队伍建设，特别是党的十八大以来，习近平总书记站在党和国家工作全局的战略高度，就新时期产业工人队伍建设作出一系列重要论述，为推动新时期技能人才队伍建设改革提供了基本遵循和行动指南。技能人才是支撑中国制造、中国创造的重要力量，加强高级工以上的高技能人才队伍建设，对巩固和发展工人阶级先进性，增强国家核心竞争力和科技创新能力，缓解就业结构性矛盾，推动高质量发展具有重要意义。近年来，国家出台了一系列政策文件（见表1-4），对建立技能人才评价体系进行了顶层设计，总体上立足高技能人才制度政策更加健全、培养体系更加完善、岗位使用更加合理、评价机制更加科学、激励保障更加有力，强调要建立与国家职业资格制度相衔接、与终身职业技能培训制度相适应的职业技能等级制度，完善职业资格评价、职业技能等级认定、专项职业能力考核等多元化评价方式，促进评价结果有机衔接。

表 1-4　国家关于职业技能人才的相关政策概览

时间	出台部门	文件名称	政策核心点
2018.3	中共中央办公厅、国务院办公厅	关于提高技术工人待遇的意见	明确提出要进一步完善企业工资分配制度，建立技术工人工资正常增长机制，探索技术工人长效激励机制等
2018.5	国务院	关于推行终身职业技能培训制度的意见	构建终身职业技能培训体系、深化职业技能培训体制机制改革、提升职业技能培训基础能力以及保障措施等5方面20条
2018.12	第十三届全国人民代表大会常务委员会第七次会议	中华人民共和国劳动法	第六十九条"国家确定职业分类，对规定的职业制定职业技能标准，实行职业资格证书制度，由经过政府批准的考核鉴定机构负责对劳动者实施职业技能考核鉴定"中的"由经过政府批准的考核鉴定机构"修改为"由经备案的考核鉴定机构"
2019.1	国务院	国家职业教育改革实施方案	完善国家职业教育制度体系、构建职业教育国家标准、促进产教融合校企"双元"育人、建设多元办学格局、完善技术技能人才保障政策、加强职业教育办学质量督导评价、做好改革组织实施工作等7方面20条
2019.4	人力资源社会保障部	关于实行职业技能考核鉴定机构备案管理的通知	做好机构备案、加强信息公开、强化属地监管、创新监管方式
2019.8	人力资源社会保障部办公厅	关于改革完善技能人才评价制度的意见	改革技能人才评价制度（职业资格制度改革、职业技能登记制度、专项职业能力考核）、健全技能人才评价标准、完善评价内容和方式（分类评价、创新分按时）、加强监督管理服务等4方面16条
2020.5	人力资源社会保障部办公厅	关于做好人力资源社会保障部门职业资格实施机构职能调整有关工作的通知	一是深化职业资格改革，推动政府职能转变；二是积极稳妥做好技能人才评价工作，包括等级认定、评价基础工作、监督管理、组织实施等

第一章 国内外人才发展战略管理进展与启示

续表

时间	出台部门	文件名称	政策核心点
2020.7	人力资源社会保障部办公厅	关于做好水平评价类技能人员职业资格退出目录有关工作的通知	分批将水平评价类技能人员职业资格退出目录，加强职业资格证书管理，做好职业技能等级认定工作，明确了水平评价类技能人员职业资格退出目录安排（水平评价类76项）
2020.11	人力资源社会保障部办公厅	关于支持企业大力开展技能人才评价工作的通知	支持企业自主开展技能人才评价、企业自主确定评价范围、企业自主设置职业技能等级、依托企业开发评价标准规范、企业自主运用评价方法、积极开展职业技能竞赛评价、贯通企业技能人才职业发展、提升企业评价服务能力、加强质量督导和服务保障工作
2021.4	人力资源社会保障部	提升全民数字技能工作方案	完善提升全民数字技能政策措施、加强技工院校数字技能类人才培养、加强数字技能职业技能培训、推进数字技能人才评价工作、积极开展数字技能类职业技能竞赛、提升数字技能人才培养基础能力建设
2021.11	人力资源社会保障部	国家职业资格目录（2021年版）	除与公共安全、人身健康等密切相关的职业工种外，73项水平评价类技能人员职业资格全部退出目录，不再由政府或其授权的单位认定发证
2021.12	人力资源社会保障部、教育部、发展改革委、财政部	关于印发"十四五"职业技能培训规划的通知	健全完善终身职业技能培训体系，提升职业技能培训供给能力，提高职业技能培训质量，加强职业技能培训标准化建设，完善技能人才职业发展通道，完善规划落实机制
2022.9	人力资源社会保障部、财政部	国家级高技能人才培训基地和技能大师工作室建设项目实施方案	打造集技能培训、技能评价、技能竞赛、技能交流、工匠精神传播等为一体的综合型高技能人才培养训练载体，优先支持重点领域国家级高技能人才培训基地和相关高技能人才培养力度

续表

时间	出台部门	文件名称	政策核心点
2022.10	中共中央办公厅、国务院办公厅	关于加强新时代高技能人才队伍建设的意见	加大高技能人才培养力度、完善技能导向的使用制度，建立技能人才职业技能等级制度和多元化评价机制，建立高技能人才表彰激励机制。其中明确提出完善技能要素参与分配制度，国有企业在工资分配上要发挥向技能人才倾斜的示范作用

在国家相关政策制度指引下，多地结合实际出台了配套制度，更加充分发挥政府、用人单位、社会组织等多元主体作用，改革完善以职业资格评价、职业技能等级认定和专项职业能力考核为主要内容的技能人才评价制度，加快形成评价科学、支撑有力、保障到位的工作体系，加强质量监督，优化公共服务，着力营造技能人才茁壮成长、优秀技能人才脱颖而出的制度环境，为高质量发展建设共同富裕示范区提供有力支撑。

第四节 国内外代表性油气企业关于人才发展战略的主要做法与经验

一、国外代表性油气企业

（一）壳牌：国际化人才发展、高薪吸引、强调首席科学家

坚持"事业至上、以事择人"，员工队伍国际化程度达90%，研究中心有16个外部机构。

通过"人高我高"薪酬管理理念，按照不同职级设计

15%～225%的薪酬占比，保持对各类各层级人才足够的吸引力。

首席科学家制度，坚持必须在本领域得到国际认可、必须提出科技发展方向与瓶颈、必须能够发挥科技大使思想领导力作用、必须发挥导师作用4项标准遴选首席科学家，为创新提供高端人才力量。

（二）斯伦贝谢：细分人才、高端校企联合研究中心、技术职业成长方案

坚持"让专业的人做专业的事"，通过持续收购和兼并相关科技企业，建立各细分领域的人才高地。

先后在美国麻省理工学院、英国剑桥大学、俄罗斯莫斯科大学、挪威斯塔凡格大学、沙特阿拉伯法赫德国王石油矿业大学、巴西里约热内卢联邦大学附近成立6个研究中心，借助顶级大学的一流人才资源优势开展合作研究。

设计尤里卡技术职业成长方案，从技术理解能力、解决问题经验、商业战略技术支持水平、辅导水平和团体领导能力、专业知名度5个方面逐级选拔并指导技术人员全面成长至业内专家。

二、国内代表性油气企业

（一）中国石油：大力推进人才强企战略，完善"生聚理用"人才发展机制

长期以来，中国石油天然气集团有限公司（简称"中国石油"或"集团公司"）深入贯彻落实党和国家人才工作部署，坚持创新驱动、人才强企战略。"十三五"以来，大力推进以科技创新为核心的全面创新，发布科技成果转化及一线创新成果创效奖励办法，不断完善创新成果孵化、评选、表彰、激励机制。

采用系统工程思维,大力推进人才强企战略实施,坚持人才引领发展的理念,推进人才发展体制机制改革,提出建立并持续完善"生聚理用"人才发展机制。

2021年领导干部会议《坚持"两个一以贯之"实施人才强企工程》,提出着眼可持续发展、实施人才价值提升专项工程等;《人才强企工程行动方案》(2021)提出了目标路径;2022年工作会提出将重点实施人才强企、提质增效、文化引领、低成本发展"四大战略举措",提出人才强企的本质是坚持人才第一资源,把人力资源开发放在最优先位置,全面提升人才价值。中国石油吉林油田分公司勘探开发研究院建立了以坚定理想信念、健全培养机制、注重实践检验为主体的人才强企战略框架;中国石油煤层气公司从顶层设计、机制激励、教育引导、素质培养上落实"生聚理用"发展机制,从而推动人才强企向纵深发展。

特别是2021年以来,集团公司加大对科技成果管理力度,先后出台成果登记管理办法和成果鉴定管理办法,并同步优化了《科技成果鉴定工作手册》相关流程要求,为进一步推进科学评价科技成果价值、促进科技成果转化和推广应用、深化科技激励,提供了重要基础(见表1–5)。

表1–5 集团公司关于科技体制机制创新与科技激励管理制度与办法

时间	文件名称	政策核心点
2015.10	关于在科研单位建立专业技术岗位序列的指导意见	从岗位设置、职责确定、岗位聘任再到薪酬调整、考核管理,打破专业技术人员晋升"天花板"
2017.10	中国石油天然气集团有限公司科技成果转化创效奖励办法(试行)	根据所属各单位实施科技成果转化获得的直接经济效益对转化创效过程中作出贡献的本单位人员进行奖励

续表

时间	文件名称	政策核心点
2021.5	中国石油天然气集团有限公司科学技术奖励办法（修订征求意见稿）	对集团公司科技奖励办法进行修订意见征集，拟增设技能创新奖和创新团队奖，加大基础研究奖和技术发明奖的奖励比重，增加奖金及配套
2021.5	中国石油技能人才创新基金	用于一线技术技能人才开展技改革新、技术技能攻关，分为难题解决和成果转化两大类。每年评选50个项目，每个项目资助经费20万元
2021.5	中国石油天然气集团有限公司科技成果登记管理办法	集团公司各级各类科技计划、科技项目产生的科技成果均应在验收或鉴定后进行登记，登记的科技成果包括：应用技术成果、基础理论成果和软科学成果，并分别作了具体界定
2021.5	中国石油天然气集团有限公司科技成果鉴定管理办法	对国家、集团公司、专业公司及所属企业科技计划的科技项目产生的科技成果（应用基础研究成果和应用技术研究成果）进行科学性、创造性、先进性、可行性和应用前景等评价并出具结论

（二）中国石化：人才强企工程，突出"高精尖缺"

出台了《中国石化人才强企工程战略规划和行动方案》，到21世纪中叶前，中国石化成立60周年前后，其人才管理将成为行业标杆；突出"高精尖缺"，实施专业技术人才高端引领计划、技能操作人才提质强基工程、专项人才培养集聚计划等举措，目前已经形成以23名院士、26名集团公司首席专家、190名集团公司高级专家为主体的高层次专家队伍。中国石化中原石油工程以"人力资源池"建设为抓手，推动人才流动到最合适的岗位，让每名员工都能创出更多的效益，截至2022年7月底，已通过"人力资源池"优化盘活人力资源1762人次，187人次走出去承揽业务，创收747万元；中国石化华东油气田勘探开发研究院通过创新"育管选用"四个关键环节的主要工作，盘活现有人力资源，来推进

"人才强企工程"建设。中国石化勘探分公司建立了以"能力＋业绩"10项评价指标为基础职位晋升积分制，通过量化评价、定期通报、公开竞聘和动态优化等程序，将贡献度、工作量显性化，作为量化识别科研骨干人员、兑现绩效奖金的重要依据和职位晋升的重要参考。

（三）中国海油：打造高素质专业化年轻干部队伍，建立价值型薪酬分配体系

干部人才队伍建设"3+1"工程实施方案：高素质干部队伍建设、专业化人才队伍建设、优秀年轻干部队伍建设3个工程以及国际化人才队伍建设工程，打造高素质专业化年轻干部队伍。联合培养人才，建立"科技合作搭台—人才培养巩固—引才引智深化—产教融合提升"路径。建立岗位价值型薪酬分配体系。加强海上一线岗位薪酬激励，完善销售贸易领域市场化薪酬机制，对科研人员实施差异化精准激励机制，并加大高层次人才的激励力度。中国海油研究总院实施科研项目分级分类"揭榜挂帅"管理模式，更加强调开放、竞争和包容，推动科研要素聚集，最大限度保证了科研实施效果。

第二章

油气企业人才发展战略环境分析

　　SWOT分析模型，又称为态势分析法，是一种常用的战略规划工具。S(strengths)是优势、W(weaknesses)是劣势、O(opportunities)是机会、T（threats）是威胁。按照企业竞争战略的完整概念，战略应是一个"能够做的"（企业优势与劣势）和"可能做的"（环境机会与威胁）之间的有机组合，优劣势分析主要是着眼于企业自身的实力及其与竞争对手的比较，机会和威胁分析将注意力放在外部环境的变化及对企业的可能影响上。在新时代人才强国战略指引下，油气行业已经深刻认识到只有做好全方位培养、引进、使用人才的重大部署，才能应对企业未来的能源转型和数字化转型，在全球行业竞争中铸就科技人才高地，形成技术和人才方面的巨大优势，为服务国家能源战略、保障国家能源安全作出重要贡献。油气企业普遍将人才强企作为推进治理体系和治理能力现代化的重要抓手，但在新时期、新形势和新要求下，面向新的发展目标与战略规划，油气企业人才发展还面临着一系列问题。以西南油气田为例，采用SWOT分析模型，对人才发展战略环境进行系统分析，为油气企业人才强企战略管理提供支持。

第一节　优势分析

一、形成了合理有序的人才组织管理体系

（一）强化制度体系建设

油气企业普遍认识到人才对于高质量可持续发展的重要作用，以中国石油、中国石化、中国海油为代表的油气企业，认真贯彻落实新时代人才强国战略，把人才发展战略摆在突出位置，高度重视人才工作，从各集团公司层面强化制度体系建设，分别出台人才强企相关方案，所属二级单位结合各自实际情况强化制度建设，推动集团方案落实落地。

以西南油气田为例，认真贯彻落实中国石油基层党建工作推进会会议精神及要求，指导各单位严格落实《西南油气田公司基层党支部工作考核评价办法（试行）》，制定《西南油气田基层党建"三基本"建设和"三基"工作有机融合四年进阶工作方案》，明确施工图与运行表。加强改革顶层设计，结合中国石油改革实施意见，修订《西南油气田公司技术专家管理办法》，明确6个方面25条具体措施，以考核评价为导向，完善岗位聘任条件，明确横向转换通道，保障和促进专家作用进一步发挥。按照中国石油"青年科技人才培养计划"实施方案要求，通过基层单位专家评议遴选和党委会审议、西南油气田汇总研究的程序，同时从专业素质、项目业绩等6个方面进行量化评分，共推荐报送数十人选参加中国石油选拔，进一步着力打造西南油气田战略人才力量。

2021年启动"英才计划",从2019—2021年招聘的高校毕业生中择优选拔多人,进行"人才画像",按照"一人一档"建立英才成长档案,进行重点培养,进一步确保公司事业薪火相传、基业长青。

(二)党组织建设有力

坚持压实责任,确保党建工作责任制落实落地。严格落实"四同步""四对接"和"两个1%"要求,不断深化新形势下党建工作模式研究和探索实践。以西南油气田为例,制定西南油气田《党建工作责任制实施细则》《党建工作责任制考核评价实施细则(试行)》,推进层层建立党组织委员责任清单压实责任,"一述两评一约谈"党组织书记述职评议考核机制获国务院国资委党建局高度评价。坚持问题导向,强化党员教育培训实效。坚持从问题出发、以解决问题为目的,深入推进"两学一做"学习教育制度化常态化,自上而下扎实开展"不忘初心、牢记使命"主题教育。"十三五"期间,结合所属单位领导班子重点考核和优秀年轻干部调研情况,在中央、省委、市委三级党校及广培中心等院校共开展中层领导人员培训22期,中青年干部培训5期,基层领导人员示范培训10期,青年党务工作者递进培训7期,前沿技术培训31期,有效引导党员干部适应新要求、完成新任务、实现新发展。

坚持规范标准,推进基层党建工作质量提升。西南油气田大力实施基层党建"强基固本提升工程",持续推行党支部"达标晋级"管理,以党组织按期换届、支部活动阵地建设、"创岗建区"、党建"三联"责任示范为主要抓手,推进基层党建标准化规范化建设,西南油气田输气处成都作业区被四川省国资委党委命名为首批"国有企业基层服务型党组织示范点"。突破性出台《西南油气田分公司党建规章制度制定管理细则（试行）》，开发党建制度管理信息系统，获得国家版权局软件著作权登记。全面推行党建信息化工作，推广应用全国党员管理信息系统、中国石油党建信息化平台，以更强的规范和更高的标准强化基层党建工作基础。

（三）人力资源管理信息化建设

西南油气田扩大干部管理平台应用范围，将公司三级副以下人员纳入系统，统一动态管理三龄两历、家庭成员等重要信息，实现数据集中维护和合规管控。分解用工计划指标，强化岗位需求信息管理，实现劳动用工精细化管控。持续推广员工自助服务，增加年金、重疾险信息查询渠道，发布个人数据变动情况报表，为员工提供便捷的人事信息服务。

持续加强人事统计与数据管理。完善人力资源优化盘活表，设置人员增减指标项，进一步掌握内部转岗和分流安置员工变化情况；新增一线操作岗位薪酬发放统计表，助力开展薪酬专项分析。组织编制公司人事统计月报、季报、半年报，为四川省统计局、国资委报表的顺利报送提供数据支撑。集团系统应用情况通报中公司多次获得满分，数据质量位于板块前列。

二、打造了结构良好的人才队伍体系

（一）三支队伍总体结构合理

紧贴西南油气田发展实际，全面统筹人力资源，优化人力资源配置结构，促进西南油气田人才的合理有序流动。经过多年发展，西南油气田管理人员、专业技术人员和操作技能人员比例为：

32%、14%和54%（如图2-1所示），队伍结构好于中国石油油气企业平均水平。截至2022年，西南油气田一般管理人员中（非三级及以上领导人员），从事油气田勘探开发工程类专业技术工作加上专业技术人员，合计共占在岗员工的18%左右。西南油气田博士学位及"985""211"高校毕业生人数、占比数在油气企业中排名靠前。

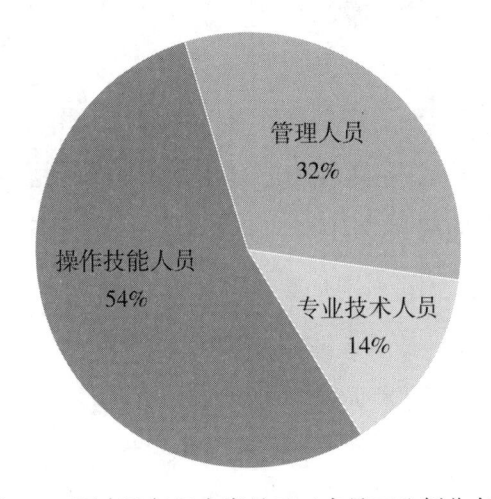

图2-1　西南油气田在岗员工三支员工比例分布图

（二）持续锤炼干部队伍

坚决贯彻落实，认真推进干部人事制度改革。严格按照中国石油要求，提出了加强领导班子建设意见，并结合西南油气田实际，制定西南油气田《推进所属单位领导班子岗位及职数专业化设置意见》《中层领导人员管理规定》《领导人员选拔任用工作规范》等10余项制度，构建起更加系统配套、精准科学的选人用人机制；在中国石油范围内率先制定《三支人才队伍岗位转换的管理办法（试行）》，用好"升、转、降"，促进竞争择优、人岗相适、人尽其才，为建立"纵向分级、横向分类"动态管理机制奠定了基础，向健全完善干部"能上能下"、收入"能增能减"机制迈出坚实步伐。

把好源头导向，持续提升选人用人工作质量。始终把政治标准放在首要位置，不断改进完善考察方法，按照"分工合理、专业配套、优势互补、功能齐全"的总体原则，着眼于改善和优化各级班子专业和年龄结构，科学统筹开展干部选拔任用工作。连续三年对所属具有人事任免权的单位开展选人用人专项检查全覆盖，努力做好对各单位党委、纪委和组织人事部门责任担当的整体把脉和政治体检，持续规范选人用人行为。根据中国石油党组反馈情况，西南油气田2018年度选人用人总体评价"好"的比率为89.06%，高于集团公司所属企事业单位平均水平，没有"不好"的评价。

（三）优化专业技术人才队伍

专家队伍建设。截至2022年，西南油气田首席技术专家、企业技术专家、一级工程师等专业技术人才有序发展。首席技术专家主要参与公司级科技项目过程审查，参与省部级重大科技项目立项初审，指导省部级及以上项目成果总结以及科技奖励成果凝练等；企业技术专家参与公司级科技项目开题设计、中评估及验收审查；一级工程师参与所在单位科技项目立项、指导项目实施、验收审查等。多名首席专家承担国家、集团公司重大科技专项。2022年组织开展技术专家增补选聘，坚持"按需设岗、科学配置"原则，公开竞聘修井工程等多个专业领域技术专家岗位，新聘企业高级专家与一级工程师数名，进一步扩大公司领军人才队伍，持续优化队伍结构。

科研人才队伍建设。截至2022年，西南油气田有科研人才队伍，其中，科研院所人数占比76%，生产单位人数占比24%；专业技术人员占比68.6%，管理人员占比21.1%，操作服务人员占比10.3%。从职称结构看，正高级职称人数占比0.5%，全部为管理人员；副高级人数占比25%，其中专业技术人员占比66.2%，管理人员占比33.8%；中级职称人数占比49.3%，其中专业技术人员占比78.1%，管理人员占比21.9%。从学历结构看，科研队伍中共有硕士研究生以上学历占比32.6%，其中博士占比13%，硕士占比87%。

（四）建设技能人才队伍

技能人员主要开展现场创新创效成果转换和推广应用工作。通过技能竞赛练兵、技能专家工作室、创新创效成果评选三大技能人才培养交流平台，围绕采气、输气、净化等专业，组织技能人才开展一线难题收集攻关。截至2022年，西南油气田层面共有多名中国石油技能专家、数十名企业技能专家、数十名企业首席技师、数百名高级技师与技师。

三、不断优化人才发展管理体系

（一）强化高端人才引进

根据西南油气田的发展战略和对人才资源的需求，针对专业缺口，制定接收计划，"十三五"期间共引进高校毕业生中，硕士研究生以上学历占比38%，石油主体及相关配套专业的占90%左右；博士后工作站招收博士进站人数占5.5%，为所属相关单位公开招聘成熟专业人才占比19%，满足西南油气田不同层次专业人才、复合型管理人才需求。与"十二五"相比，西南油气田新增用工指标不断减少，认真打好员工总量控制的攻坚战和持久战。紧密结合公司各项业务发展需要，全面统筹人才使用，"十三五"期间调动管理、专业技术岗位人员，是"十二五"调动人数的1.6倍，同时为西南油气田川东北作业分公司、川中北部采气管理处等新成立单位配置人员千余人，确保了重点项目、重点工程顺利有序开展。

聚焦公司紧缺的钻井工程、开发地质等多个专业技术方向，开展博士后研究人员招收，同时为吸引更多高精尖缺人才留公司发展，针对博士后职业发展完善一系列政策，打破工作年限、工作经历等限制，对特别优秀的出站博士后给予"绿色通道"参加一级工程师竞聘，营造高层次人才良好成长环境。

（二）深入推进双序列改革

作为中国石油油气新能源业务企业中建立专业技术岗位序列的首批试点单位之一，早在2015年，西南油气田就建立了油气勘探、钻完井工程、油气田开发、天然气储运与计量、天然气净化及化工、HSE与节能减排、信息技术、经济与管理技术等领域的专业技术岗位方向；在多个所属单位建立了专业技术岗位序列，做实岗位设置、做好岗位选聘、考核、薪酬兑现全流程闭环管理。"十三五"末，西南油气田专业技术人才队伍初步建成。建立专业技术岗位序列考核评价体系，严格按照中国石油考核等级强制分布要求，以能力和业绩为本质指标对技术专家开展考核，实现了专业技术序列岗位"能上能下"、薪酬"能增能减"规范化和常态化。

第二节 劣势分析

一、人力资源内部管理优化面临挑战

（一）全员劳动生产率与期望值有差距

西南油气田所属单位按照"大而全、小而全"进行业务设置，员工总量大，分布于大小不同几十项业务，人力资源优势不集中，人员结构性余缺矛盾比较突出，天然气产量折合原油百万吨当量用工数较高，离中国石油期望的新区标杆、老区标杆还有较大差距。西南油气田 2020 年全员劳动生产率远高于中国石油下属油气企业平均水平，但和标杆企业相比差距较大，还有较大的提升空间。

（二）人力资源内部盘活难度较大

随着"三定"工作开展，西南油气田将存在数百余名富余人员，大多来自生产保障和后勤服务业务，年龄结构和知识结构普遍老化，学习能力和动力不足，难以安置到快速上产的新上项目和新建装置，盘活难度大，如何通过差异化的分流政策和薪酬激励机制实现富余人员有序分流，是改革重难点。

（三）配套管理模式还不够完善

人才发展机制缺乏政策支持、科研人员按价值贡献的评价与激励政策还需要完善；博士后、行业内知名技术人才和世界排名靠前的高校毕业通用型人才引进的配套人才公寓、津补贴等优待政策还需完善。随着深化改革的推进，合资合作、"油公司"管理模式单位逐年增多，针对股东方员工、业务外包员工等群体中的

党员管理，目前还没有一套匹配企业管理的成熟模式，还需要探索建立多种用工形式下党员管理机制。

二、人才队伍建设优化还面临挑战

（一）干部人才队伍建设还有不足

干部人才队伍的接续供给相对不足，体现在质量和结构仍需优化，尤其是学专业干专业、经历过基层扎实历练的年轻干部数量相对不足，同中国石油党组提出的"两个1/5"和"两个1/8"的目标要求还有差距；懂经营会管理善抓党建的领导干部培养数量不多；能力素质全面的"一把手"接替人选培养储备力度不够。

年轻干部成长路径总体上较为单一，多数年轻干部缺少党政交叉任职或多岗位轮换的工作经历，即使经历部门或岗位调整，但工作内容相对固化，还存在到上级机关或者地理位置较好单位工作后，不愿意到困难单位、艰苦环境历练。如何推动部分从事技术管理工作的领导干部转到专业技术岗还需要深入思考，同时还需要加大干部交流力度，结合混合所有制改革、国际合作项目、对口支援、企地交流等，推进优秀年轻干部赴外任职挂职。

（二）科技人才队伍有待持续优化

科技人才队伍建设结构还需优化，体现在缺乏战略规划，将部分专业技术序列岗位作为解决位置、待遇的途径；现行双序列制度较管理序列上升通道偏窄，对专业技术序列人才吸引力不足；专家队伍配比总体上不太合理，在聘首席技术专家、企业技术专家和一级工程师没有形成金字塔结构；科技人才队伍虽然整体数量较大，但真正从事科研工作的专业技术人员不多。各类核心骨干人才培养需要进一步加强，青年科技骨干人才不足，科研团队创新创效和重大攻关能力需要加强；缺乏院士、集团公司级技术专家、技能大师和天然气行业范围的领军型人才、石油名匠等高端人才。

技术专家的年龄结构需要进一步优化。人才年龄结构、专业知识结构不能完全适应发展战略目标，尤其是技术专家群体，平均年龄五十多岁，"60后"人员约占三分之二，年龄结构仍然较老化。还需要在加大专业技术序列改革力度上狠下功夫，对特别优秀的出站博士后给予"绿色通道"参加一级工程师竞聘，营造高层次人才良好成长环境，培养更多年轻的技术专家。

三、人才培养与考核还存在问题

（一）对不同类型人才针对性培养不足

缺乏针对不同类型人才的差异化培养指南，人才阶梯式培养方式还不系统，专业技术序列对人才苗子的特殊关注、重点培养及发展规划机制不健全；对人才的使用多于培养，对本科生、研究生、博士、成熟人才等不同类型人才的培养方式并无本质区别，行政干预过多，影响创新热情，也是部分博士后出站后"留不下"的主要原因。

（二）差异化绩效考评机制不够健全

对领导干部"下"的刚性约束措施还不够，岗位去留仅在任期考核结果运用上有所体现，年度考核结果的运用基本只体现在薪酬待遇上；对技术专家在创新活动中的把关、指导等功能价值没有纳入考核体系；对科技研究人才评价指标还需完善，如基础创新和管理创新可适当降低专利、标准、论文指标；对高技能人才评价指标还需优化，服务生产、一线创新成果推广应用工作的考核权重占比不高。

第三节　机会分析

一、国家实施新时代人才强国战略，为人才发展提供了新方向

（一）加快建设世界重要人才中心和创新高地的方向指引

在百年奋斗历程中，我们党始终重视培养人才、团结人才、引领人才、成就人才，团结和支持各方面人才为党和人民事业建功立业。党的十八大以来，以习近平同志为核心的党中央围绕深入实施科教兴国战略、人才强国战略、创新驱动发展战略，不断完善党管人才的工作格局，系统谋划布局人才发展，人才体制机制改革纵深推进，在改革人才培养、使用、评价、服务、支持、激励等机制方面取得了显著成效。2021年9月27—28日，习近平总书记在中央人才工作会议上提出"深入实施新时代人才强国战略，加快建设世界重要人才中心和创新高地"的新阶段目标要求，提出了坚持党对人才工作的全面领导，坚持人才引领发展的战略地位，坚持面向世界科技前沿、面向经济主战场、面向国家重大需求、面向人民生命健康，坚持全方位培养用好人才，坚持深化人才发展体制机制改革，坚持聚天下英才而用之，坚持营造识才爱才敬才用才的环境，坚持弘扬科学家精神"八个坚持"，新时代人才工作已经发生了历史性变革。

习近平总书记强调，深入实施新时代人才强国战略，加快建设世界重要人才中心和创新高地；我国要实现高水平科技自立自强,归根结蒂要靠高水平创新人才。在国家人才强国战略指引下,优化人才强企战略部署,是新时代企业加强人才工作的重要内容,也为油气企业人才创新高地建设指明了方向。

(二)出台了全方位培养、引进、用好人才的一系列重大政策制度

我国重视人才发展并形成了不同时期的人才发展理念,有效支撑了不同时期人才强国战略内涵的丰富与纵深发展,尤其是对新时代人才强国战略的提出以及系列针对性强的政策制度:《关于深化人才发展体制机制改革的意见》《关于实行以增加知识价值为导向分配政策的若干意见》《关于深化职称制度改革的意见》《关于分类推进人才评价机制改革的指导意见》等,推进人才发展体制机制改革纵深发展。

新修订的《中华人民共和国科学技术进步法》于2022年1月1日正式施行,从法律层面进一步强化人才第一资源作用,提出提高科技人员社会地位、培养和造就人才、完善分类评价等多条举措,为深化人才发展体制机制改革提供了重要的法律保障。国务院办公厅印发了《要素市场化配置综合改革试点总体方案》(国办发〔2021〕51号),是稳中求进推动要素市场化配置改革向纵深发展的重要举措,进一步提出了推动劳动力要素合理畅通有序流动的试点任务,包括指导用人单位坚持需求导向,采取符合实际的引才措施,加强创新型、技能型人才培养,加强技术转移专业人才队伍建设,探索建立健全对科技成果转化人才等的评价与激励办法等,对于指导新时代企业优化人才要素有序流动和推进人才发展生态建设具有重要意义,为新时期人才发展提供了重要保障与方向指引。

二、深入推进人才强企工程，为人才发展提供了新路径

（一）实施人才强企工程提供了人才发展契机

中国石油把党的建设和人才强企工作摆在更加突出位置，2021年7月14日，中国石油领导干部会议研究部署了组织人事工作和人才强企工程，出台了《人才强企工程行动方案》，提出了"十四五"和"十五五"的具体目标，特别强调，要以工程思维推进落实《人才强企工程行动方案》，突出实施组织体系优化提升、"三强"干部队伍锻造、人才价值提升、分配制度深化改革等专项工程，着力构建新型高效的组织体系，着力健全干部"选育管用"机制，着力集聚各方面优秀人才，着力提升劳动生产率和人力资源价值，为推动集团公司高质量发展和建设世界一流综合性国际能源公司提供坚强组织和人才保证。

2022年1月13日，中国石油2022年工作会明确提出将重点实施人才强企、提质增效、文化引领、低成本发展"四大战略举措"，提出人才强企的本质是坚持人才第一资源，把人力资源开发放在最优先位置，全面提升人才价值，不断增强企业核心竞争力和综合实力。因此，在中国石油2022年工作会精神指引与《人才强企工程行动方案》指导下，为深入贯彻新发展理念、服务和融入新发展格局，奋进高质量发展和建设基业长青的世界一流企业，为西南油气田人才发展管理提供了良好契机，促进更好地培育人才、集聚人才、使用人才、成就人才，为高质量发展提供人才保障。

（二）多措并举推进人才强企工程实施

西南油气田大力积极落实人才强企工程建设，出台了《中共

中国石油西南油气田分公司委员会人才强企工程实施方案》，提出要聚焦党建引领和组织体系优化作用发挥、建强"三支人才队伍"、完善"生聚理用"四项机制，对重点工作进行再部署、再细化、再动员。通过公司示范引领、基层全面推进、员工广泛参与，实现主题活动与常态工作互融互推、平台建设与制度建设有机融合，有效整合内部资源，着力打造战略人才力量，全方位引进用好人才。组织制定了《西南油气田人才强企工程推进工作考核细则》，自2022年开始，将二级单位人才强企工作考评结果按相应权重纳入年度绩效考核，进一步传导压力落实责任。印发《人力资源价值评价实施细则》，客观评价各单位人力资源价值保值增值情况，将结果作为任期考核重要指标，同步开展首期人力资源价值评价，压实压紧各级干事业、带队伍、育人才责任。围绕大力发现培养选拔优秀年轻干部统筹规划，加强预备队和战略预备队建设，研究部署"红日计划""旭日计划"，同步打造优秀年轻干部"蓄水池"。

第四节　威胁分析

一、日趋激烈的国内外人才竞争态势，影响实施人才强企深入

从国际人才市场来看，受疫情以及后疫情时代多重影响，人才全球流动速度明显放缓。特别是以美国为主的发达国家针对我国高科技发展制定限制性政策，增加了参与国际高层次人才竞争的复杂性。从国内人才市场来看，各地积极践行"引进一个人才、带来一个项目、形成一个产业"理念，揽才"大招""新政"频出。而在这场人才大战中，对中国石油整体而言，因所属企业多处于东北、西北等人才净流出区域，人才竞争意识和主动性还不够，有针对性的应对举措还不多，部分所属油气企业人才流失较为严重，中国石油人才工作面临前所未有挑战。十年树木，百年树人，对西南油气田而言，一定程度上同样存在高层次人才引留困难问题，若不能及时扭转，"十五五""十六五"期间一方面大量人才要退休，另一方面新人补充不足，势必影响企业发展。

二、创新要素激励机制有待完善，可能影响人才创新发展

多部委先后下发了《关于完善科技成果评价机制的指导意见》（国办发〔2021〕26号）、《"十四五"技术要素市场专项规划》《国有企业科技人才薪酬分配指引》（人社厅发〔2022〕54号），促进建立充分体现知识、技术、管理等创新要素价值的收益分配机制，给中国石油差异化考核和市场化薪酬分配改革提出了更高要求。西南油气田积极落实、但成效还不显著，当前形成了《西南油气田公司关于落实集团公司分配制度深化改革专项工程的行动方案》（2021）中，提出了创新要素价值收益分配的试点措施，但是目前进展较为缓慢，与创新要素价值收益分配相适应的科技人才岗位价值评价、宽带薪酬、市场化的薪酬分配等工作涉及面广、难度较大，多维之间的管理机制、匹配模式、实现路径等还有待深化研究。

第三章

油气企业人才强企战略管理模型构建

人才战略的本质是将人才作为企业可持续发展的一种战略资源，为战略管理驱动人才强企提供了内生逻辑。油气企业作为典型的资源密集型和技术密集型产业，其创新发展迫切需要充分发挥人才资源第一动力作用。适应新时代人才强国战略指引下油气企业人才发展管理创新破解管理难题的内生诉求，需要立足战略管理整体视域看待人才强企系列问题。油气企业人才强企战略是为实现油气企业生产经营目标与长远发展战略，将人才作为一种战略资源作出的重大的、宏观的、全局性的构想与安排，核心是培养人、吸引人、使用人、发掘人，是对油气企业人才资源未来的思考，注重人才对推动油气企业可持续发展、长远发展的作用发挥。因此，油气企业人才强企战略管理是一项系统工程，以战略管理理念、体系和工具优化油气企业人才发展管理工作，构建油气企业人才强企战略管理模型并提出实施路径，为油气企业深化人才发展体制机制改革促进人才要素有序流动、以强大人才优势打造创新人才高地促进高质量发展提供管理支持。

第一节 战略管理驱动油气企业人才强企内生逻辑

以战略管理推动油气企业人才强企,具有丰富而深刻的科学内涵:一是要以战略管理理念,创新油气企业现代化人力资源管理整体思维,即用流程理念"理顺关系",用系统理念"全面布局",用评估理念"督促改进";二是要以战略管理体系,牢牢把握油气企业人才强企关键抓手,即健全战略管理体制"壮骨骼",完善战略管理机制"通经络",优化战略管理制度"强免疫";三是要以战略管理工具,提升油气企业人才强企工程质量效能,即运用规划工具勾画人才强企工程建设蓝图、运用成本分析工具降低人才强企工程建设成本、运用绩效管理工具提高人才强企工程建设效益。

一、以战略管理理念,创新油气企业现代化人力资源管理整体思维

理念是行动的先导。高效推进油气企业人力资源管理现代化,为油气企业人才强企落实提供坚实的管理支持,需要转变传统油气企业组织形态观念,善于学习借鉴战略管理多重理念。

(一)用流程理念"理顺关系"

著名管理学家迈克尔·哈默提出,流程是把一个或多个输入转化为对顾客有价值的输出的活动。流程理念作为现代战略管理的精髓,已被世界主要国家广泛用于提高战略管理专业化、精细化、科学化水平上,成为构建战略管理体系的基石。流程理念的

核心内容包括事事有流程、任何工作都是有顺序的一组活动，流程是进度计划的基础，流程描述的是可重复执行的活动，流程可以根据实际工作或实际场景予以调整改进等。在推进油气企业人力资源管理现代化和人才强企战略管理过程中，可以借鉴流程理念，按照流程化要求，合理划分工作内容、设置人力资源管理层级、优化配置岗位；将油气企业人才强企战略管理设计重心由结构设计逐步向流程设计转移，推动各方管理主体和参与主体对所涉及的工作流程进行整体规范、持续优化，不断将职责清单进一步细化；强化流程的牵引、导向和规范作用，使油气企业人才强企战略管理工作流程化、流程工作精细化，消除职能"交叉"、岗位"重叠"，加快向靠流程推动、追求油气企业人才强企战略管理组织模式向更加高效转变。

（二）用系统理念"全面布局"

系统理念强调整体性、联系与发展，要从一个整体或系统角度全面地认识事物，符合马克思主义关于物质世界普遍联系的哲学原理，是具有基础性的思想和工作方法。战略性是系统理念的根本要义，战略管理强调系统理念，以系统理念指导油气企业人才强企战略，是要更加注重强化油气企业人才战略目标、油气企业人才发展需求、油气企业人才战略规划、油气企业人才战略评估等环节之间的联系，要求从系统角度综合考虑油气企业人才强企战略设计、实施与评估问题，确保整个油气企业人才发展管理系统处于最优状态。在推进油气企业人才强企战略管理过程中，借鉴系统理念，需要适应油气企业人才类型多维、专业分工精细、力量多元复杂等特点，切实把握人才发展管理系统与局部、局部与局部、系统与环境之间的相互关系，综合考虑油气产业勘探开发、储运、销售利用全业务链所需人力资源管理涉及的党建、科技、财务、企管等生产经营管理重要领域组织形态整体布局和细化设计，真正把油气企业人才强企战略管理涉及的各级组织、各个领域、各个要素紧密结合起来，实现既重点突破又全面推进。

（三）用评估理念"督促改进"

评估贯穿战略管理全过程，是发现问题、改进完善、推进落实的重要途径，是形成战略管理闭合回路不可或缺的环节。评估理念的核心是以战略为导向，牵引企业在计划、组织、控制等所有管理活动中全方位地发生联系并适时进行监控，要全面对接战略目标、关注结果、沟通反馈、持续改进，实现以评促建、以评促改、以评促管、以评促强的目标。在推进油气企业人才强企战略管理过程中，借鉴评估理念，要在油气企业人才强企战略管理组织机构基础上，强化事前评估，在油气企业人才强企重大战略决策、制度办法等出台前反复论证、科学评估、降低决策风险；强化事中评估，及时研究解决油气企业人才强企战略实施和推进过程中遇到的问题、存在的矛盾、可能面临的风险等；强化事后评估，要通过绩效评价、总结经验、查找不足、及时反馈并强化沟通，不断加强评估对油气企业人才强企战略管理工作的正向促进作用。

二、以战略管理体系，牢牢把握油气企业人才强企关键抓手

战略管理体系，是保证战略规划实施和落地以支持战略达成而组织化地表达出来的一个庞大体系，既是油气企业人力资源管理现代化的重要支撑，更是油气企业人才强企的关键任务。紧紧扭住健全完善战略管理体系，就牢牢抓住了推进油气企业人才强

企现代化的"牛鼻子",实现纲举目张、牵一发动全身。

(一)健全战略管理体制"壮骨骼"

体制是一定的规则或制度,战略管理体制如同油气企业人事组织的"骨骼",骨骼壮才能立起油气企业人才强企的四梁八柱。战略管理体制包含组织结构、结构设置、制度体系、管理权限等,为了提高战略管理效能,在油气企业推进人才强企战略管理过程中,应注重优化完善油气企业人事组织管理体制,遵循战略管理机构职能划分规律,不断健全完善油气企业人才强企战略决策、战略规划、战略实施、战略评估等组织机构,突出油气企业层级抓大事、谋全局的功能定位,强化所属单位层级执行落实。要时刻从战略高度审视人才强企工作,不断加强油气企业人才强企战略支撑力量建设,增强油气企业人才强企战略实施系统分析和评估论证机构独立性,提高高端智库在推进油气企业人才强企战略管理中的决策参与度与支持力,形成层次分明、分工明确、衔接紧密的油气企业人才强企战略管理组织体系,进一步完善油气企业人才人事组织形态体制框架,为油气企业人才强企战略深入实施提供制度环境。

(二)完善战略管理机制"通经络"

机制是要素之间的结构关系和运行方式。战略管理机制如同油气企业人事组织的"经络",经络通才能确保纵向指令快速传达、横向业务顺畅运行。在油气企业人才强企战略管理进程中,应注重战略管理运行机制设计,首先清晰描绘出油气企业人才强企战略管理的核心流程或关键环节,再分层次、分步骤、有针对性地对各环节涉及的子流程进行系统设计;其次要把战略管理链路关系解码为静态的职责清单、动态的工作流程、规范的岗位标准，不断推进油气企业人才强企战略管理重心由"管人""管事"向"管机制""管流程"转换；最后，要构建系统性的油气企业人才强企战略管理保障机制，以油气企业人才需求生成转化机制为突破，以油气企业人才培养与使用、人才评价与激励机制为新增长极，打造一套"上下联动、纵横贯通、运行高效"的运行机制，解决油气企业人才强企战略管理涉及多部门、跨领域协作时沟通协调困难等问题，促进战略深入高效推进。

(三)优化战略管理制度"强免疫"

制度是在一定历史条件下形成的法令、礼俗等规范，是要求成员共同遵守的规章或准则。战略管理制度是涵盖了战略规划、实施、执行和反馈全过程的一系列规定和程序，如同油气企业人力资源管理的"免疫系统"，免疫系统正常才能判断什么是对、什么是错、什么能做、什么不能做。系统完备的油气企业人才强企战略管理制度体系，不仅是战略管理工作的内在要求，更是油气企业深入推进人才强企建设的重要标志。在油气企业人才强企战略管理进程中，更应注重立足人才强企涉及的多方面、各要素，健全完善人才强企相关战略管理制度；要强化战略管理制度的效力，真正确保相关制度在油气企业人才强企战略实施过程中发挥规范性、指导性和建设性作用；要完善战略管理制度的监管体系，健全油气企业人才强企战略实施过程中涉及的各类公示制度、群众监督制度，全面提高油气企业人事组织形态建设的制度化、法治化程度。

三、以战略管理工具，提升油气企业人才强企工程质量效能

20世纪以来，国内外战略管理领域不断创新发展，产生了一

系列新型战略管理工具，促进战略管理效能明显提升。高效推进油气企业人才强企工程建设，应充分利用战略管理工具和现代化技术手段，不断提高质量效能。

（一）运用规划工具勾画人才强企工程建设蓝图

战略的成功实施需要三个要素，即描述战略、衡量战略、管理战略，其中，描述战略居于首位，要立足企业发展愿景与使命、结合发展环境现则适合的战略方向目标、并将目标转化为实际的策略，这个过程也称为战略规划。战略规划是一个系统性的过程，旨在帮助企业明确目标和方向，应对环境变化与挑战，它不仅仅是个计划，更像是一张蓝图，指引着企业的未来发展，战略规划工具则在战略规划制定和决策中起着关键作用。对油气企业人才强企工程建设而言，要注重强化油气企业人才强企战略规划职能，运用 PEST 分析、SWOT 分析、五力模型、GE 矩阵等加强战略环境分析，为科学规划提供坚实基础；要统筹油气企业人才强企战略规划对人力资源管理体制改革、机制重塑以及制度创新的优化调控；要合理运用战略管理工具进行人才强企工程建设规划，明确人才强企工程建设任务，善于运用规划方式优化资源配置，增强规划计划对油气企业人才强企工程建设的牵引作用。

（二）运用成本分析工具降低人才强企工程建设成本

成本效益分析本身是一种用于评估战略方案经济效益的工具，以成本为战略管理的支点，通过对战略方案实施前后的成本与效益比较分析，确定战略方案的潜在收益、风险和可行性，一般情况下，成本控制得越低，战略管理效能就越高。但是在数字智能时代，人力成本不断攀升，战略管理更加关注效费比，也正因如此，战略管理中更加关注运用现代工具控制成本。在推进油气企业人才强企工程建设过程中，要把涉及的人、财、物、信息、时间等资源要素作为重要的成本参量，科学配置人事组织机构、合理编配工程建设人员，确保管理体制简明；持续优化油气企业人才强企战略管理运行机制，注重减少人才强企工程建设的中间环节、更大程度缩短信息流程、更顺畅有序协调内部关系，避免内耗、降低冗余，实现资源要素之间的最佳耦合，确保人才强企工程建设的有序推进。

（三）运用绩效管理工具提高人才强企工程建设效益

绩效管理是促进组织与成员共同成长的有效手段，也是破解跨部门业务问题的有力抓手，越来越受到管理者的青睐，成为战略管理不可或缺的工具。常用的绩效管理工具包括360绩效考核、KPI绩效考核、平衡积分卡、排序法、强制正态分布法、要素评价法、目标管理法、关键事件法、行为锚定评分法、对偶比较法等。在推进油气企业人才强企工程建设过程中，应根据阶段目标任务安排与工作需要，注重引入并运用绩效管理工具，将阶段战略目标分解转化为每个部门、单位、个人的基本职责，进一步完善细化油气企业不同层级组织和人员在推进人才强企工程建设中的职责清单体系；根据油气企业人才强企工程建设整体进度计划，设定每个单位年度、月度工作计划，并分解为每个岗位的绩效指标，从而形成一整套可考核的关键绩效指标体系；要结合油气企业人才强企工程建设目标体系，制定相应的绩效奖励办法，把油气企业全员绩效考核结果与人才强企工程建设推进、与员工个人荣誉奖励、职级升降、培训发展等相结合，充分激发油气企业整体活力。

第二节　模型结构设计与主要内容

一、模型构建主要依据

（一）深入实施党和国家新时代人才强国战略的迫切需要

我国重视人才发展并形成了不同时期的人才发展理念，人才发展理念有效支撑了人才强国战略的提出与纵深发展，在管理人才队伍建设、科技人才队伍建设、技能人才队伍建设方面均出台了系列针对性强的政策制度。党的十八大以来，党中央深刻回答了为什么建设人才强国、什么是人才强国、怎样建设人才强国的重大理论和实践问题。习近平总书记在中央人才工作会议上强调，要深入实施新时代人才强国战略，加快建设世界重要人才中心和创新高地，提出了"十四五""十五五"乃至"十六五"的人才强国战略目标体系，为新时代企业加强人才工作提供了重要的战略指引。新时代我们党把创新摆在中国式现代化建设全局中的核心地位，作出了全方位培养、引进、用好人才的一系列重大部署，先后出台了系列政策，为新时代人才强国战略实施提供了制度保障。

贯彻落实国家深入实施新时代人才强国战略系列政策制度要求，充分发挥天然气特色优势，将国家政策制度要求落到实处，加强油气企业人才发展战略部署，形成具有油气特色的人才发展战略管理模式，既是油气企业深化人才发展体制机制改革面临的重要工作，也是保障油气企业高质量发展的重要工作。

（二）落实落地油气行业人才强企工程行动方案的客观需要

油气行业把人才队伍建设摆在突出位置，高度重视人才工作并形成了各具特色的管理实践经验。"十三五"以来，油气行业深入学习领悟习近平总书记关于组织人事和人才工作的重要论述，全面贯彻新时代党的组织路线，扎实推进领导班子和干部、人才队伍建设，持续深化三项制度改革，取得了明显工作成效。特别是2020年以来，油气行业把党的建设和人才强企工作摆在更加突出位置，实施了一系列新的重要举措，着力建设政治坚强、本领高强、意志顽强的干部队伍，"预备队""战略预备队"培养取得初步成效，人才政策环境不断优化，总部组织体系优化调整启动实施并基本完成，差异化绩效考核和工资总额决定机制进一步完善，干部员工的获得感进一步增强。

人才是第一资源，要舍得出价舍得投入，事业激励人才，人才成就事业，只有做好全方位培养、引进、使用人才的重大部署，才能应对油气企业未来的能源转型和数字化转型，在全球行业竞争中铸就油气科技人才高地，形成油气技术和人才方面的巨大优势，为服务国家能源战略、保障国家能源安全作出重要贡献。

（三）油气企业加快建设创新人才高地的现实需要

当前，国家加快建设世界一流和专精特新示范企业建设，为中央企业打造核心竞争力提供了环境动力。中央企业打造核心竞争力的关键在于进一步提高原始创新能力、打造原创技术策源地、加快建设科技领军企业，就必须更加充分发挥人才是第一资源的作用。在《关于推进国有企业打造原创技术策源地的指导意见》《关于强化企业科技创新主体地位的意见》指引下，油气企业必须坚持系统观念，围绕"为谁创新、谁来创新、创新什么、如何创新",从制度建设着眼,解决政策、资金、项目、平台、人才等关键创新资源系统布局问题。而油气企业普遍综合性人才多(即知识面广),但高精尖人才少,坚持基础性、原创性研究的人才不多,如何依托现有重点实验室和研究院培育原创性基础性的研究人才、如何借助创新联合体提升原创性技术创新能力、如何给予特殊性支持或激励政策促进科技创新人才的培养与发展,是油气企业深入推进科技创新驱动、加快建设创新人才高地需要破解的现实困境。

二、模型结构设计

(一) 总体思路与主要原则

1. 总体思路

以习近平新时代中国特色社会主义思想为指导,坚持"两个一以贯之",深入贯彻落实新时代党的组织路线和《中国共产党组织工作条例》,坚持党管人才、党管干部,确立人才引领发展战略地位,牢固树立"创新是第一动力、人才是第一资源""没有人才一切归零"人才理念,全面提升人才价值,构建完善"生聚理用"人才发展机制,深化人才发展体制机制改革,培育造就高端人才、稳定壮大关键人才、激活用好现有人才、战略储备接替人才、加快引进紧缺人才,以强大人才优势支撑油气企业高质量可持续创新发展。

2. 主要原则

政治引领、凝聚动能。突出政治功能,提升组织力,聚焦基层抓党建、抓好党建强基层、建强基层促发展,落实主体责任,激发基层活力,真正把广大员工的智慧和力量转化成油气企业高质量发展的动力源泉。

党管干部、党管人才。充分发挥油气企业党组织领导和把关作用，着力建设德才兼备的高素质干部队伍。加强党对人才工作的领导，坚持管政策、管协调、管服务，着力集聚矢志爱国奉献、勇于创新创造的优秀油气人才。

机制创新、服务发展。树牢人才理念，创新方式方法，把服务发展作为油气企业人才工作的根本出发点和落脚点，加快油气企业人才发展体制机制改革和政策创新，加快形成更加积极、开放、有效的人才制度和政策环境，用高质量发展成果检验油气企业人才工作成效。

高端引领、素质提升。全力打造油气企业人才高地，着力培养一批战略性、领军型高层次人才，在油气企业改革发展和人才队伍建设中发挥引领作用，带动各类人才整体协调发展，促进油气企业人才队伍能力素质全面提升。

有序推进、务求实效。锚定目标任务，细化工作举措，强化统筹谋划和贯彻落实。坚持问题导向，加强协调联动，充分汇聚合力，按照工程思维绘制施工图运行表，运用工程模式系统组织实施，推动油气企业人才强企工程高效运行、见到实效。

(二) 模型基本结构

战略管理是以战略规划为载体，以"需求—规划—预算—执行—评估"为链路，不断循环迭代、持续演进的过程。规划周期结束后，建设成果、尚待解决的问题和新的需求再进入链路，开启一个新循环；规划周期内，需求调整、条件变化也会激活从需求到评估的链路运转，形成一个个微循环；这些循环相互作用、相互影响、相互制约，共同支撑了战略管理复杂巨系统的运行。

如果这些循环能够主动适应环境条件变化、适时优化规划计划，持续推进战略管理有序运行，则认为建立了正循环；反之，如果循环之间存在堵点、断点，或者循环偏离既定战略目标，影响或迟滞系统运行，则是进入了负循环。提高战略管理能力，重在统筹这些大循环和微循环，建立战略管理正循环机制，为油气企业人才强企战略管理模型构建提供基本框架。

从人才战略的本质出发，人才是一种战略资源。油气企业人才强企战略是为实现油气企业生产经营目标与长远发展战略，将人才作为一种战略资源作出的重大的、宏观的、全局性构想与安排，核心是培养人、吸引人、使用人、发掘人，是对油气企业人才资源未来的思考，注重人才对推动油气企业可持续发展、长远发展的作用发挥。因此，依据战略管理理论、人力资源管理理论等相关理论，立足模型构建总体思路与相关原则，坚持"支持战略""服务业务"和"赋能员工"的总体方向，构建油气企业人才强企战略管理模型（如图3-1所示）。

三、主要内容

（一）战略规划与目标体系

油气企业人才强企工程应与油气企业"十四五"发展战略目标、战略路径等同步谋划，始终聚焦发挥党建引领作用，找准工作着力点和关键点，发挥党组织在人才队伍建设中的政治核心和引领保障作用。从油气企业人才现状出发，可按照三个阶段推进，健全完善人才强企工程量化指标体系，持续完善人才强企工程通道路径。

第一阶段，基础建设期。用1—2年时间，完成对经营管理

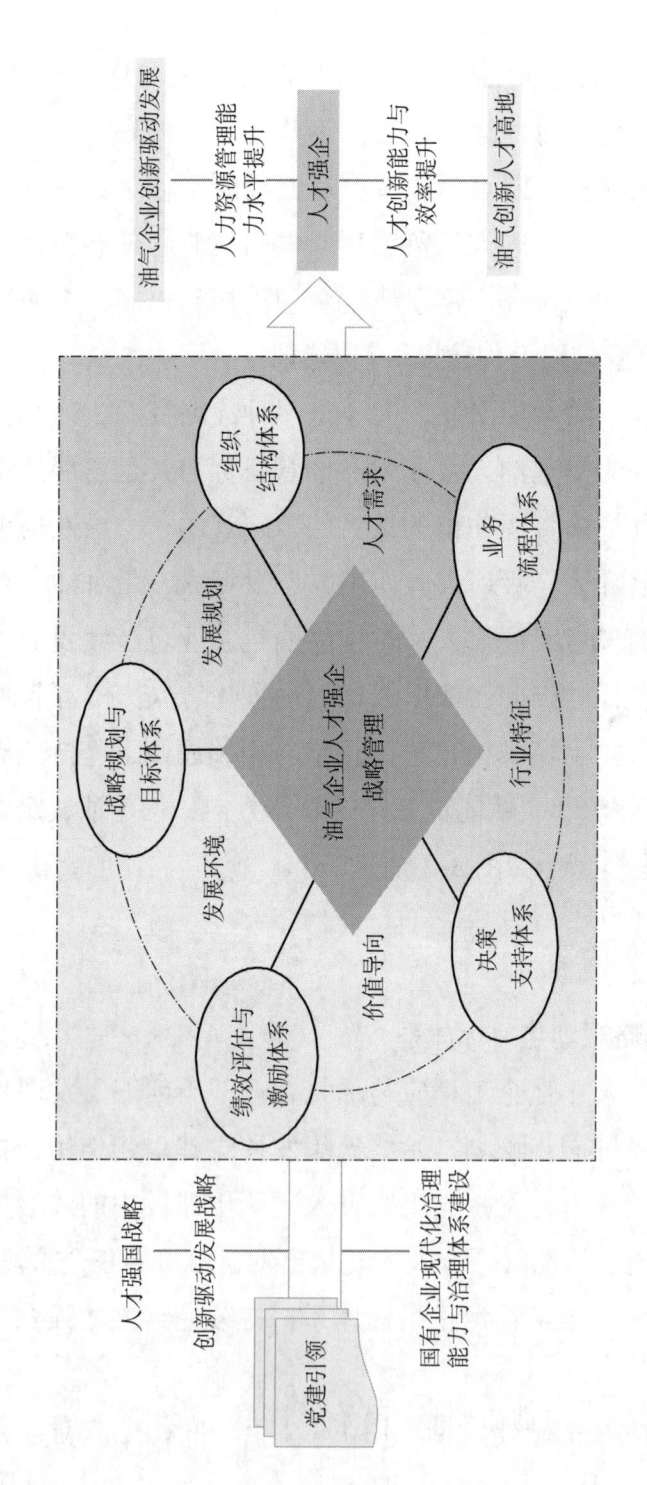

图 3-1 油气企业人才强企战略管理模型图

序列、专业技术序列、操作技能序列岗位人员能力素质测评及人才现状梳理，搭建人才数据库，分类健全涵盖品德、知识、能力、业绩和贡献等要素的人才评价标准，不断优化完善科学合理、各有侧重的人才评价体系，形成多层次具有专业优势的动态"人才池"。按照国家政策与油气行业发展相关要求，结合油气企业实际，制定完成油气企业人才强企工程的配套方案文件。科学的人才观和人才理念普遍树立、广受认同，人才政策制度体系持续完善，"生聚理用"人才发展机制彰显特色优势，尊重劳动、尊重知识、尊重人才、尊重创造的文化氛围更加浓厚。全面完成岗位价值评价，配套建立核心岗位体系价值图谱，基本完成薪酬分配体系的优化调整。

　　第二阶段，优化成长期。用2—3年时间，加大优秀年轻干部培养选用力度，实施人才专项培养行动，搭建结构合理、互为支持、互为促进的多层次油气企业人才培养体系。持续加强优秀人才招聘和高端人才引进，加快油气企业内部人才培养，进一步盘活人力资源，形成更加具有市场竞争力的人才队伍；油气企业领军人才质量规模同步提升，在突破"卡脖子"等瓶颈技术方面发挥关键作用；深化考核分配制度改革，强化市场对标、突出差异化分配，构建以价值贡献为导向的薪酬分配体系和考核激励机制。高效能管理体制和组织体系基本建立，油气企业人才队伍年龄、专业、层次结构明显改善，布局更加合理，老中青梯次配备基本形成。

　　第三阶段，全面提升期。用3—5年时间，全面形成标准化的油气企业人才评价与培养体系，构建完整内外部的人才发展地图，人才认证、培育、继任三大体系和数字化人才档案管理机制更加完善，提高人才决策效率与水平，推动油气企业人才高质量发展。油气企业人才投入力度明显增强，人才环境更加优良，人才链与创新链、产业链、价值链深度融合，各类创新要素充分集聚，助力数字化转型、新兴业务快速发展。考核分配制度体系更加完善，形成市场化薪酬体系，健全与劳动力市场价位相适应、与劳动生产率挂钩的薪酬决定机制，人才收入增长整体保持与效益增长同步，收入差距更加合理，薪酬精准激励作用得到充分发挥。

（二）组织结构体系

油气企业整体层面，建立油气企业党委统一领导，组织人事部门牵头抓总，业务部门和所属单位齐抓共管、密切配合的协调联动机制，推动人才强企工程与油气企业各项决策部署有机融合、一体推进。油气企业下属单位层面，所属单位党政主要负责人是推动人才强企工程的第一责任人，要把推动人才强企工程与主营业务同谋划、同部署、同落实；组织人事部门要把所属单位人才强企工程推进情况和工作成效纳入党组织书记抓党建述职、领导班子和领导人员经营业绩考核。

（三）业务流程体系

坚持系统思维，将油气企业人才强企工程与业务发展规划、三项制度改革等工作统筹实施。建立基于 PDCA 循环的油气企业人才发展业务管理流程，不断完善人才规划、人才盘点与结构优化、人才培养与使用、人才激励与评价等单项人才管理业务流程与总体流程，合理设置清晰的工作界面。建立"回头看"的后评价机制，对各项管理办法及配套方案的推行及效果进行分析，总结经验，不断改进。

（四）决策支持体系

立足油气企业管理人员、专业技术人员、操作技能人三支队伍，建立较为完善的油气工业人才谱系，并不断优化，形成先进的油气人才队伍管理结构体系，为油气企业中长期人才需求与发展结构优化提供支持。开发拥有核心竞争力和自主知识产权的油气产业人才管理方法与模型，例如油气产业创新人才价值评估技术、油气人才能岗匹配动态调整模型等。在油气企业智库平台体系中，建立油气人才发展动态管理模块。

（五）绩效评估与激励体系

建立油气企业人才发展综合绩效评价体系，优化完善油气企业岗位价值评价、不同类型油气人才能力评价、油气企业人才能力与岗位价值匹配度评价、探索建立"岗位价值量化考核分数+实际贡献评议"综合绩效评定方式。探索建立油气创新人才创效价值量化评估模型，为落实精准激励提供科学依据。加大考核结果与油气企业人才薪酬晋级、职务晋升、评先选优、培训发展、合同签订、岗位退出的挂钩力度，充分发挥绩效考核的激励约束作用。

第三节 人才强企战略管理实施路径

发挥党建引领的保障作用，以组织体系优化提升为基础，以人才价值提升为目的，以工程思维推进油气企业人才强企战略管理落实落地，结合油气企业人才强企战略管理思路与方向，可以以七项人才重点工程为牵引，整体统筹油气企业人才队伍建设（如图3-2所示）。

油气企业人才强企战略管理

组织体系优化提升
- 统筹谋划两级机关组织体系优化调整
- 进一步深化二三级机构改革
- 推进岗位价值评价工作
- 持续创新劳动组织模式

人才价值提升
- 树牢人才价值理念
- 强化人力资源价值评价
- 健全人才考评价体系
- 发挥薪酬分配价值驱动作用

党建引领人才保障
- 深入推进党的组织覆盖和工作覆盖
- 筑牢人才队伍建设思想政治根基
- 拓展党员模范作用发挥载体

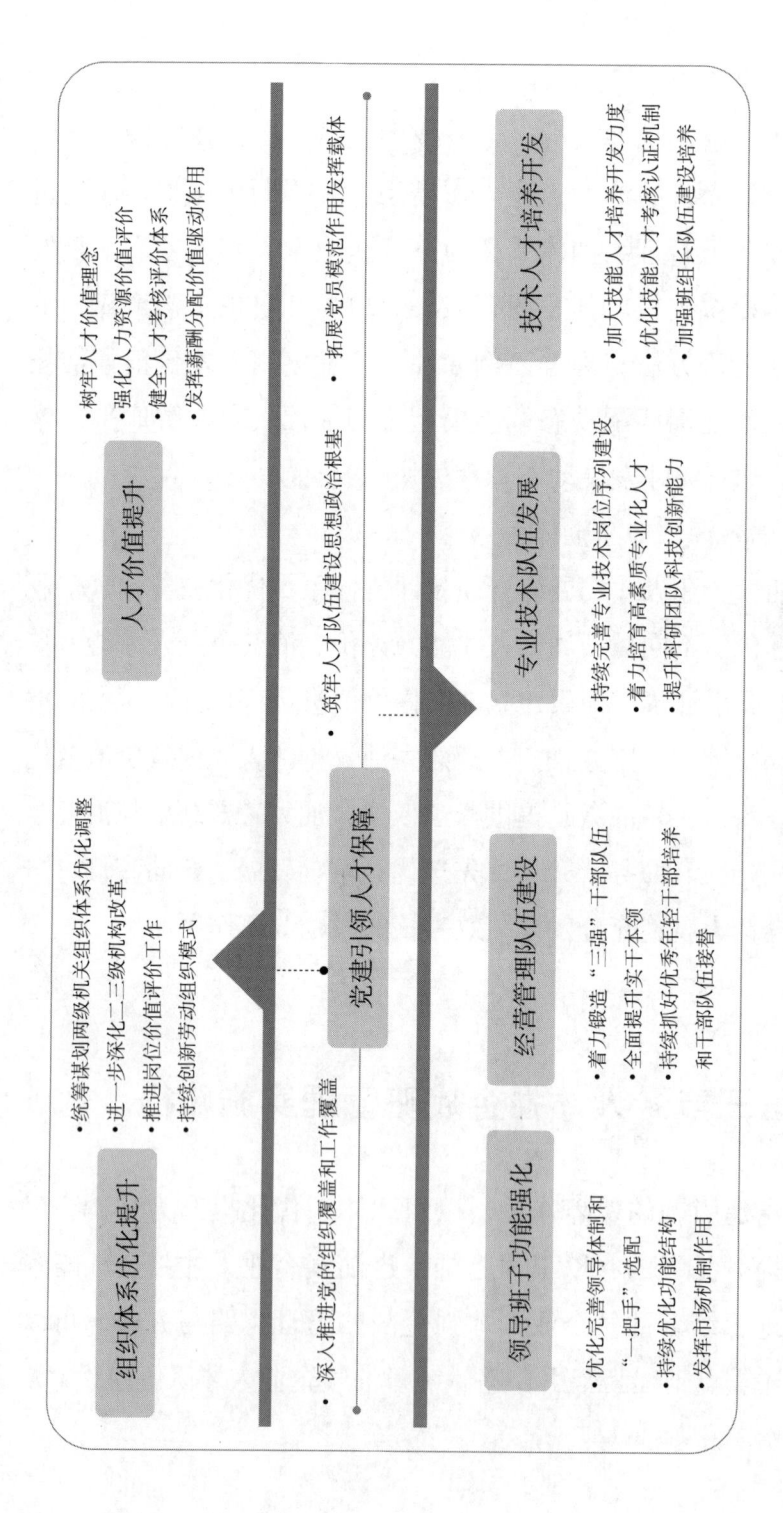

领导班子功能强化
- 优化完善领导体制和"一把手"选配
- 持续优化功能结构
- 发挥市场机制作用

经营管理队伍建设
- 着力锻造"三强"干部队伍
- 全面提升实干本领
- 持续抓好优秀年轻干部培养和干部队伍接替

专业技术队伍发展
- 持续完善专业技术岗位序列建设
- 着力培育高素质专业化人才
- 提升科研团队科技创新能力

技术人才培养开发
- 加大技能人才培养开发力度
- 优化技能人才考核认证机制
- 加强班组长队伍建设培养

图 3-2 油气企业人才强企工程示意图

一、党建引领人才保障专项工程

坚持党管人才，彰显党建价值，建立健全油气人才队伍素质提升机制，不断提升油气企业人才队伍思想素质、道德修养、业务水平、岗位贡献，始终唱响"我为祖国献石油"主旋律。

（一）深入推进党的组织覆盖和工作覆盖

严格按照党章规定建立健全油气企业基层党组织，保持党组织健全率100%；通过优化发展党员指标、调整党员岗位、完善班组设置等措施，全面实现并保持党员班组全覆盖，推动党组织有效覆盖基层管理单元。紧密结合油气企业产权关系、组织机构、经营模式、用工方式等改革，及时调整和优化党组织设置，依托生产经营基本管理单元建立党组织；探索创新"党建协作区"等油气项目型、区域型、功能型工作模式。全面推进油气企业基层党建"三基本"建设和"三基"工作有机融合，找准党建工作与油气生产经营工作在基层的有效结合点，把基层党建政治优势与基层管理独特优势结合起来，厚植竞争优势发展优势。在条件成熟的党支部，探索推行党小组和生产班组"两组"融合共建，将创先争优与"五型班组"紧密结合，做到班组与党小组一体化组建、一体化运行、一体化考核，把基层党组织建设成为基层管理的堡垒、人才成长的摇篮、建功立业的阵地。

（二）筑牢人才队伍建设思想政治根基

坚持用党的创新理论武装干部员工头脑，把学习习近平新时代中国特色社会主义思想作为党员和油气企业员工教育的首要内容，充分考虑基层实际，注重用员工的视角、通俗的语言、切身的感受把党的创新理论讲生动、讲清楚、讲透彻，因地制宜开展形势目标任务责任教育，把全员思想统一到党中央重大决策部署上，落实到完成油气企业改革发展任务目标上，形成全员挑重担、促发展、创新业的干事氛围。坚持集中教育与经常性教育相结合，把党性教育融入日常、抓在经常，发挥重温入党誓词、过政治生日等政治仪式浸润作用，引导党员干部员工铭记党的奋斗历程，弘扬党的优良传统，传承听党话、跟党走的红色基因。坚持党务干部与行政干部双向培养，将油气生产经营知识和党建业务知识纳入干部培训内容，深化党建"一岗双责"意识，打造善抓党建工作、会抓油气生产经营的复合型干部人才队伍；推进党务干部和行政干部双向挂职锻炼。

（三）拓展党员模范作用发挥载体

坚持党员教育与员工基本功训练有机结合，注重把生产经营骨干培养成党员、把党员培养成生产经营骨干、把党员骨干输送到重要岗位。将岗位练兵、导师带徒、业务竞赛、应急演练等融入党员教育培训，激励党员带头学技术、练技能、长本领，充分发挥创新创效表率作用；在技术技能培训中融入党的基本知识等学习内容，有针对性地做好生产经营骨干的联系培养，激发骨干积极向党组织靠拢的思想行动自觉。持续开展党员责任区、党员示范岗、党员突击队、党员服务队等创建活动，探索总结党员积分管理成效，引导广大党员立足本职岗位、争创一流业绩、提供优质服务，推动形成"一个党员带动一个班组、一面旗帜带动一个团队"的创先争优氛围。探索实施党建项目化管理新模式，围绕油气生产经营重点难点立项攻关，鼓励党员揭榜挂帅、领衔攻关，做到一个项目锻炼一支队伍、解决一批难题；在上下游、甲乙方、企地间、机关基层等，试点探索开展党建互联共建，做到组织联建、思想联抓、业务联学、活动联办、效益联创。建立健全党建带工建、党建带团建工作机制，深化"工字号""青字号"品牌建设，积极在重点油气工程、重大油气项目、重要油气建设领域搭建干事创业与才华展示舞台。

二、组织体系优化提升专项工程

把优化油气企业组织体系作为配置人力资源的前提基础，着力构建高效组织体系，统筹油气企业发展与人才开发，为推动油气企业人才价值提升做支撑，释放人才潜能。

（一）统筹谋划两级机关组织体系优化调整

根据国家和油气行业推进企业治理体系和治理能力现代化与关于油气企业组织体系优化调整的相关要求，进一步优化油气企业机构设置，推进油气企业机关职能转型，实施"大部门制""大岗位"改革，对油气企业两级机关组织体系进行优化调整，对部分处（部）室进行职能调整、机构撤并，对内设机构进行优化，构建精干高效、界面清晰、管控到位的油气企业两级机关机构。

（二）进一步深化二三级机构改革

结合油气企业业务归核化发展方案，深入推进"油公司"模式建设，推动业务发展专业化，加快推进油气生产辅助与后勤服务业务社会化和市场化进程，对油气企业矿区服务和离退休管理业务及机构进行持续优化调整。统筹谋划油气企业二三级机构改革，进一步深化后勤辅助、生产保障业务的整合，汽车驾驶、物业服务等业务实施混改后，机构相应撤销，持续精简组织机构、优化编制定员。持续开展油气企业"三定"动态调整，以机构编制规范化、队伍结构合理化为方向，构建精干高效的组织体系。以整体化、集中化、特色化、共享化为目标，对油气企业科研机构进行整合，进一步优化科技资源配置，集中优势力量，提升油气企业科技创新能力。

（三）推进岗位价值评价工作

为规范油气企业岗位管理，构建符合油公司管理模式要求的岗位职级体系，助推油气企业高质量发展，稳步推进油气企业岗位价值评价工作，第一阶段开展小范围试点，在总结第一阶段试点经验的基础上，第二阶段再在油气企业其他单位全面开展岗位价值评价。由点及面，构建以岗位价值为核心、业绩贡献为导向的岗位职级体系和薪酬分配体系，为实现油气企业岗位管理、进一步优化薪酬精准激励机制夯实基础。

（四）持续创新劳动组织模式

大力推进油气企业组织结构扁平化，压缩管理层级，加快新型采气管理区建设，细化工作措施，完善配套政策。推动油气矿新区改革，推进数字化建设、制度调整、流程再造、组织架构优化、用工方式转型、信息化软硬件改造，打造油气矿向新型采气管理区转型示范标杆。实施新型采气、输气作业区建设，优化作业区设置、调整机构编制、完善配套体系建设。

三、人才价值提升专项工程

突出油气企业人力资本质量对技术进步和效益增长的关键作用，在明确导向、建立标准、构建体系和激励驱动上下功夫，推动油气企业人才价值持续增值。

(一)树牢人才价值理念

坚持把价值创造作为评价人才、激励人才、用好人才的关键指标和鲜明导向，增强油气企业人才价值创造意识，把出人才放在与出效益同等重要的位置，培育人才价值创造文化。突出质量、效益、效率等关键要素，将人才投放、选拔任用、薪酬分配、评先选优、职称评审等按价值贡献进行配置，打通价值创造、价值评价、价值分配的油气企业人力资源价值管理链条。

(二)强化人力资源价值评价

坚持价值创造与单位业绩强相关，从单位队伍实力、组织活力、产出效力三个维度，设置科学合理的评价指标，建立科学的油气企业人力资源价值评价体系。定期开展油气企业人力资源价值评价，评价结果与领导人员业绩考核、领导班子及领导人员综合考核评价等工作统筹结合，并纳入领导班子任期考核和主要领导离任审计，充分挖掘人力资源潜力，实现油气企业人力资源价值保值增值。阶段性组织检查交流，组织加强各单位专项小组交流，对于人力资源价值评估的重点难点工作，召开专项研讨会，相互交流、提供借鉴，给予指导。

(三)健全人才考核评价体系

建立油气企业人才胜任力模型，健全涵盖品德、知识、能力、业绩和贡献的油气企业人才考核评价标准体系，确定考核方向，即考核维度、考核指标及指标权重等内容，分级、分类、分专业开展油气企业人才考核评价。强化考核评价结果应用，建立与培养开发、选拔使用、流动配置、激励约束等挂钩机制；鼓励人才正确看待对待考核评价，发挥考核正向激励作用，促进人才自觉对标、创造价值。注重人才胜任力模型的动态更新，定期组织对考核评价效果、项目运营情况开展评估，及时对考核评价体系作出优化调整，持续提升运行效率和考核评价准确度。

（四）发挥薪酬分配价值驱动作用

统筹谋划油气企业薪酬分配顶层设计，注重遵循市场经济规律，突出价值创造在油气企业薪酬分配中的主导地位，全面建立价值导向的油气企业考核评价机制、编制定员与工资总额挂钩机制、多种要素参与分配的多元化分配机制、绩效考核工作内审机制，充分发挥薪酬分配在优化油气企业人力资源配置中的促进作用。

四、领导班子功能强化专项工程

以完善油气企业领导体制为重点，以选优配强"一把手"为关键，优化功能结构，激发班子活力，建设坚强有力的油气企业领导班子。

（一）优化完善领导体制和"一把手"选配

探索在具备条件的全资子公司和部分对外投资公司，实行党委书记和董事长（执行董事）由1人担任、总经理（党委副书记）分设的领导体制；根据班子建设需要，配备专职党委副书记或常务副总经理。坚持选人用人和班子建设工作重心前移，加强综合分析研判，选优配强"一把手"，以适应现代企业治理和高质量发展需要，选拔具有较强管党治党意识和治企兴企本领的复合型领导人员担任"一把手"；注重从履职成效好、经过吃劲岗位历练的经营管理人才中选配"一把手"；注重从学专业、干专业，具有基层队站长、班组长、党支部书记岗位任职经历的经营管理人才中培养、选拔三级单位"一把手"。

（二）持续优化功能结构

根据领导班子职责定位，选配具有专业能力、专业精神的干部进班子，加强对油气生产、科研单位技术总师（总地质师、总工程师）的选配，明确技术总师职责定位，强化作用发挥；统筹用好各年龄段干部，推动形成合理梯次结构；拓展来源渠道，注重选配有下一级核心业务单位任职经历的领导人员进入领导班子，选拔有基层或一线工作经历的领导人员进入部门领导班子，探索从技术和技能专家中发现选拔领导人员。熟悉本企业、本部门主要业务领域的领导人员在班子中的比例不低于三分之二。

（三）发挥市场机制作用

根据"突出重点、区分层级、全面推进"的思路，推行油气企业领导人员任期制和契约化管理，规范任期管理，明确任职期限，约定离职或解聘条件，坚持短期目标与长远发展有机统一，建立"业绩考核＋履职测评＋重点考核"三位一体考核体系，推动年度和任期经营业绩考核目标有效衔接，促进当期效益、运营质量和长远发展的协调平衡。全面做好任期制改革过程中的责任落实、任务分解。领导班子补充调整、岗位职权界定、任期考核目标研究等各项工作，把考核结果与选拔任用、培养教育、管理监督、激励约束、问责追责等有机结合，严格奖惩兑现，打破身份"铁交椅"，切实推进干部"能上能下"。

五、经营管理队伍建设专项工程

坚持以优秀年轻干部为重点，注重油气企业人才队伍梯次配备，聚焦增强"八大本领"、提高"七种能力"，着力打造一支政治坚强、本领高强、意志顽强的油气企业干部队伍。

（一）着力锻造"三强"干部队伍

健全油气企业干部培养机制，确定油气企业干部队伍建设目标，明确岗位胜任能力标准、选聘程序、培养方式、使用方法和激励手段，促进油气企业干部队伍管理水平的大幅提升，实施"政治能力提升计划"和"专业化能力提升计划"，抓实中层领导人员能力素质提升培训，重点抓好40岁左右的中青班、35岁左右的青干班、30岁以下的递进班，坚持以组织调训为主，党委组织部全程跟班考核，确保培训质量。着力抓好重点经营管理人才政治理论和理想信念教育，加强经营管理人才党内政治生活历练和党性锻炼，严格执行、一体落实党内政治生活各项规定，不断提高政治判断力、政治领悟力、政治执行力。坚持把"担当作为"，作为识别、评判政治忠诚的重要因素，在酝酿初始人选时，优先考虑担当作为的优秀干部；客观分析民主推荐和干部考察结果，避免简单以票取人；着力优化领导人员成长路径，破除隐性台阶、论资排辈、平衡照顾，大胆使用担当作为的优秀干部。

（二）全面提升实干本领

调整油气企业干部培养开发理念，提前抓好战略储备。围绕主体业务，分级分类开展专业化培训，对缺少复杂环境历练的关键岗位经营管理人才，及时选派到经营困难、矛盾突出、任务繁重单位锻炼，选派到地方挂职历练，围绕重大油气工程、重点油气项目进行实战实训；加强油气经营与党务岗位双向交流任职；推动各层级经营管理人才内部轮岗锻炼或跨单位交流任职。突出基层实践导向，大力选拔基层历练扎实、抓过班子带过队伍的干部，对在正职岗位"墩得实"的优秀年轻干部，创造条件加快使用，特别优秀的可直接提拔担任上一级机构常务副职或正职。

（三）持续抓好优秀年轻干部培养和干部队伍接替

加强油气企业预备队和战略预备队培育，统筹一体化推进"管理将才"和"年轻干部"蓄水池建设，畅通干部成长"快车道"。着力改善年龄和专业结构，按照三个"1/3"配备思路（新提拔中层领导人员中40岁以下、41～45岁、46岁以上干部各占三分之一左右；新提拔基层领导人员35岁以下不低于三分之一）选干部配班子，推动重点选用的年轻化三级领导人员"旭日计划"、年轻化二级领导人员"红日计划"落实落地，切实打造培养数百名管理将才，即二级单位领导班子中40岁左右的人数，三级单位领导班子中35岁左右的人数总体上达到相应层级领导班子成员总数的1/5，40岁、35岁左右的二三级单位正职人数分别达到相应层级正职总数的1/8。通过人才盘点、重点考核、优秀年轻干部调研等方式，建立优秀年轻干部队伍库，主营业务专业比例达到三分之二以上，紧缺前沿专业要有一定数量，其中45岁以下二级副职人数中，40岁左右占比不低于1/3；40岁以下三级正职人数中，35岁左右占比不低于1/3；35岁以下三级副职人数中，30岁左右占比不低于1/3。同时定期分析各个梯队各个年龄段年轻干部的成长情况和发展潜力，进行对比考量、综合评判，坚持优进拙退，动态调整与优化，不断完善，始终保持一池活水。

六、专业技术队伍发展引领专项工程

聚焦基础研究和转化应用等领域，着力提高自主创新能力，建成一支高素质专业化人才队伍，为油气企业高质量提供坚强的科技人才保证和智力支持。

（一）持续完善专业技术岗位序列建设

进一步优化油气企业技术专家岗位设置和选拔机制，完善考核评价体系，畅通拓展优秀人才发展渠道和空间。进一步向领军人才和骨干人才实施政策倾斜，全面提升专家人才队伍攻关能力和价值贡献，让专家人才回归本位、赢得尊重，成为企业的"佼佼者"和员工眼中的"香饽饽"。配合选聘省部级、油气企业级、所属单位级等不同层级技术专家，为专家队伍梯队式发展提供有力支持。

（二）着力培育高素质专业化人才

围绕油气企业发展战略目标，持续开展高端人才引进，加大关键核心领域人才队伍创新能力建设。实施重点领域人才培养和孵化，在常规油气勘探开发、页岩油气勘探开发和致密油气勘探开发等10大领域打造一批人才高地，每个领域培养2~3名领军人才。加大青年人才和高端人才培养，持续开展重点人才培养工程，每年选拔10名优秀高校毕业生纳入"英才计划"，建立油气企业人才储备库，打造青年科技英才、技术专家、石油科学家有序接替，无断层、无缝隙的"高精尖"科技人才梯队。以油气勘探开发、信息化和市场营销等专项人才为重点，加强分层次、分领域培训，坚持"引进来"和"送出去"相结合，拓宽培训手段，不断增强专业技术队伍素质，进一步补齐人才短板，打造人才队伍硬实力。紧密对接油气行业能源转型战略计划，聚焦油气企业内部清洁替代、清洁电力、氢能、战略性伴生资源和CCS/CCUS等产业链，加强绿色低碳新能源、新材料业务前瞻性培训，不断健全完善新能源人才培养体系，支撑新能源业务高效发展。加强国际化人才队伍建设，打造精专业、通管理、会语言，具有国际重大项目运行管理经验的人才队伍。

（三）提升科研团队科技创新能力

突出"高精尖缺"，引导科研人才聚焦核心业务领域科技创新，提升创新效能。加快建设油气企业科技创新人才高地，开展基础研究"蓝焰计划"，组建由油气技术专家牵头的研究队伍，在基础前沿研究领域取得突破；集中科研经费、集中优势资源，创建跨系统、跨单位、跨专业的"三跨"创新团队，发挥创新联合体融合攻关优势，提升重大瓶颈技术攻关能力。按照分级建设、分类评价、灵活考核、强化激励的思路，完善团队管理政策制度，配齐配强团队骨干，保持团队研究方向和成员相对稳定，鼓励核心骨干长期深耕专业；营造团队创新文化，强化自主选题攻关和资金支持，促进团队合力攻关和创新成果推广应用。

七、技能人才培养开发专项工程

聚焦知识更新与能力提升，着力提高创新创效能力，造就一支技术技能本领扎实、基层骨干能力过硬的油气企业技能人才队伍。

（一）加大技能人才培养开发力度

采取研究院所专业培训、送院校专项学习，跨企业跨单位服务生产、交流等模式，积极推进油气企业技能大师后备人才培育，促进技能大师、技能专家、首席技师、高级技师等油气企业高技能人才梯队建设。持续实施积分晋级制度，打破资格资历限制，对能力强与业绩贡献大的优秀人员直接破格聘任首席技师、技能专家。探索集合技能人才资源使用模式，更好地推进技能人才在油气企业以及所属单位不同层级充分发挥作用，推动技能人才定位、职责与作用发挥的目标更加契合。

（二）优化技能人才考核认证机制

做大油气企业技师、高级技师取证人才群体，取消技师、高级技师等级认定年度考评指标比例控制，探索和推行技师及以上高技能人才岗位聘任模式，实现中心井站班组长技师及以上取证率为100%。按照业务归核化要求，对油气开发生产、管道、终端燃气主体工种技师高级技师实施年度认定考评，生产保障工种2年考评1次，减少后勤服务工种考评，实现油气企业主体生产工种技师高级技师取证人数达到技师高级技师人数65%以上，实现优秀技能人才向主体生产工种聚集。探索研究制定外部单位第三方人员职业技能等级认定和职业技能竞赛相关制度，将第三方从业人员职业技能等级认定和职业技能竞赛统一纳入油气企业管理体系。

（三）加强班组长队伍建设培养

根据国家和油气行业相关规定，制定油气企业班组长队伍建设指导意见，健全班组长培养机制，确定班组长队伍建设目标，明确岗位胜任能力标准、选聘程序、培养方式、使用方法和激励手段，促进班组长队伍管理水平的大幅提升，真正发挥油气企业班组长"兵头将尾"的作用。把班组长纳入油气企业核心技能人才培养序列，持续开展百优班组长，十佳班组长培养工作，突出班组长典型引路；通过油气企业级典型示范培训、厂（矿）级能力提升培训和岗位实践锻炼等综合递进式培养，逐步提高班组长的岗位履职能力；采取多类综合型场站交叉轮流聘任方式，搭建班组长工作交流平台，逐步提高班组长的综合素质和管理能力，适应油气企业用工方式转型的需要。强化班组长履职情况考核评价，对于连续两个聘期内考核评价优秀的班组长优先推荐参加各级评先争优和首席技师、技能专家的评定；把班组长工作经历作为聘任到管理、专业技术岗位的优先条件。

第四章

油气企业人才强企战略管理机制设计

　　管理机制是指管理系统的结构及其运行机理，本质上是管理系统的内在联系、功能及运行原理，是决定管理功效的核心问题。在人才强国战略指引下，油气企业深入推进人才强企战略管理，需要破除束缚人才发展的思想观念和制度障碍，健全人才强企战略管理机制。油气企业人才"生聚理用"管理机制，是在油气企业人才强企战略管理视域下打造油气人才供应链的路径指引与有效保障，通过"生才"和"聚才"盘活人力资源存量、形成油气企业人才"蓄水池"，通过"理才"和"用才"促进人才成长、优秀人才出池和价值贡献创造。通过机制协同发展管理，在确保各类人才数量、质量与结构满足油气企业生产经营业务需求的同时，不断提高人才资本的边际递增效应，促进人才价值最大化、最优化发展，为油气企业高质量发展提供不竭动力。

第一节　机制设计的依据与思路

一、人才强企是企业可持续发展的内生动力

（一）人才是企业创新发展第一资源

当前，国家加快建设世界一流和专精特新示范企业建设，为中央企业打造核心竞争力提供了环境动力。中央企业打造核心竞争力的关键在于进一步提高原始创新能力、打造原创技术策源地、加快建设科技领军企业。科技是第一生产力、创新是第一动力、人才是第一资源，人才是经济发展的创新之源，是推动油气企业迈向高质量发展的重要支撑点。必须依靠大力实施人才强企战略，加强油气企业人才队伍建设，培养和引进一批有理想、有担当、有抱负、忠诚可靠、能力突出的优秀人才，以一流的人才研发一流的技术、实施一流的管理、生产一流的产品、提供一流的服务、创造一流的业绩、塑造一流的品牌。

（二）人才战略在企业战略中处于本源性地位

创新驱动实质上是人才驱动。人才战略是为实现经济和社会发展目标，把人才作为一种战略资源，对人才培养、吸引和使用作出的重大的、宏观的、全局性构想与安排，关于人才资源发展的总体谋划、总体思路、体制机制与政策制度。人才是一个企业得以长久发展的基石，企业在市场竞争中的优势要靠人才去突破，本固才能枝荣，根深才能叶茂。加强和改进企业人力资源开发与管理，高水平制定和实施人才战略，有利于培育和造就一支优秀

的经营管理者队伍，有利于吸引和留住具有专业技术、技能的各类人才，有利于提高职工队伍的整体素质，有利于增强企业的凝聚力，从而显著增强企业的竞争力。

（三）人才强企是中央企业的基础性建设工作

实施人才强企战略，是中央企业落实党中央关于新时代人才工作决策部署的关键之举，也是中央企业高质量发展的基础性建设工作。2022年6月，国务院国资委党委召开的中央企业人才工作会议强调，做好新时代中央企业人才工作，要始终把习近平总书记关于做好新时代人才工作的重要思想作为根本遵循，全面贯彻党中央、国务院关于新时代人才工作的决策部署，以更大力度更实举措深化新时代人才强企战略，在加快建设世界重要人才中心和创新高地当好先锋队，在深化人才发展体制机制改革中当好排头兵，在加快建设国家战略人才力量中当好主力军。

二、人才价值创造"黑箱"需要反馈与调控机制

根据系统论、控制论原理，可以将战略管理复杂巨系统的输入到输出的过程，视为战略管理黑箱，其中蕴含着战略管理的特点规律和运行机理，系统揭示和掌握运用这一机理，用以指导人才强企战略管理机制建设，对于充分发挥人力资源作用促进企业高质量发展具有重要意义。

人才的投入到产出之间，也是一个复杂的系统转化过程，存在巨大的"黑箱"，即人才在这个过程中到底有没有发挥作用、发挥了多大的作用，是难以肉眼观测和简单评价的。因为人才放置在岗位上，需要靠人的智力劳动、即活劳动创造价值，并输出为

有形化的价值成果或产品，但在价值创造和转化的"黑箱"中，人才是"活性分子"还是"惰性分子"，是不需要催化剂就能主动劳动创造价值、还是需要适当给予一定的催化一定的反应时间来刺激价值创造行为，或是无论如何催化都起不了多大的作用或根本就不起作用，与人才自身能力素质、价值诉求与期望、外部催化与刺激作用程度等息息相关。

根据麦克里兰教授提出的"冰山素质模型"（如图4-1所示），人的能力素质划分为六个层次，即技能、知识、经验、自我概念（社会角色和自我形象等）、特质和动机，其中知识、技能、经验位于冰山之上，是显性特征；而自我概念、特质和动机则处于冰山之下，是隐性特征，其作用发挥程度决定了人才价值创造"黑箱"的结果表征，也是优秀人才区别于普通员工的核心特征。这就需要企业及时管控，做好分析判断，并及时反馈，建立相应的调控机制，对主观能动性进行引导。具体而言，需要将人才发展与企业目标相匹配，通过需求牵引规划、规划主导资源配置，建立起相互制约而又相互促进的正循环。需求分析与判断给资源配

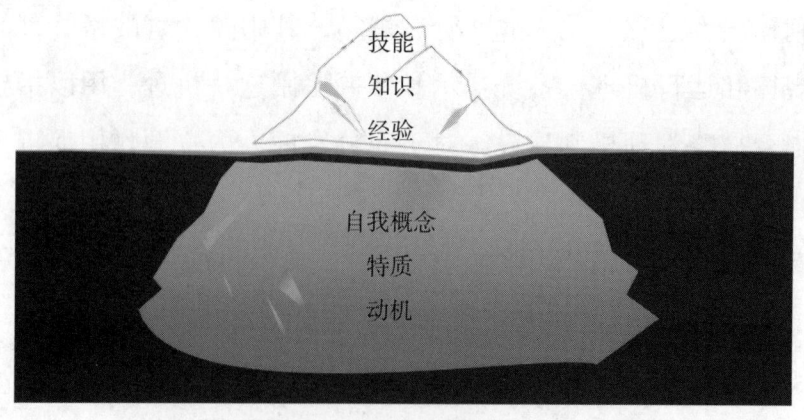

图4-1 冰山素质模型

置提供合理输入，规划和预算确保以最小投入获得最大产出，执行评估给需求和规划的决策不断提供客观真实的反馈，每个环节的运行结果为下一环节运行提供正向激励输入，对前一环节形成反馈关系，形成有效的正循环机制，从而使各个环节围绕体系稳定运行。

在正循环机制作用下，人才价值的管理便能达到理想运行状态，即投入的资源越多，产出的价值可能越高越强，应对风险能力就越强，同时对企业发展和建设的溢出效应就越明显，从而有了更多的资源进行个人建设和岗位价值创造。正循环反馈与调控机制是战略管理复杂巨系统科学运行的理论内核，也是复杂巨系统的规制约束力量，更是衡量对人才价值能力管理水平的重要标准。只有建立正循环，构成战略管理视角下的系统和链路才能有机衔接、顺畅运转、向战略管理目标聚焦发力，保证人才投入与产出的持续、高效运行，才能为源源不断地形成良性循环的人才价值创造系统提供体制机制保证。

三、人才战略管理应当充分尊重人才成长基本规律

人才战略管理是一项综合性的活动，也是一种高层次的活动。现代企业管理的重点从对物的管理转到对人的管理是企业创新管理的一个重要趋势，人既是管理的手段，又是管理的内容；既是管理的对象和客体，又是管理的主体和动力。现代企业管理的创新，科学管理体制的创立，归根到底要靠一大批搞活企业的将才、帅才来完成。加强人才战略管理是企业管理创新的核心。然而，人才成长发展有着自身的内在规律性。研究认为，油气企业人才成长总体上需要经历四个阶段，在进行人力资源发展

管理时，应当予以充分尊重并作为人才强企工程建设推进的参考依据。

新任期（0—1年）：冲劲大、有热情、可塑性强；部分人员也有空想表现，不能单独执行某项任务且不能被信任；这一阶段应着力发掘员工特点，注重培养其对企业的忠诚度和归属感。

继承期（2—5年）：继承发扬传统和做法，逐步熟悉工作内容，逐步融入企业和团队；经过磨合以及优胜劣汰，有能力的员工渐渐浮出水面，有积极性，希望做出成绩，但尚缺足够技能。

提升期（6—10年）：熟悉流程和规范，取得中级以上专业技术资格，常常可以独立处理一些问题，业务水平增长很快；有能力的人才脱颖而出，逐步走上领导岗位；同时意识中容易出现自我主义，渴望独立。

成熟期（11年及以上）：基本独立，工作能力和平衡各种关系相对成熟，逐渐进入辉煌时期；逐步具备高级及以上专业技术资格，自控、有能力又愿意干让他们做的工作；容易满足于现状，注重形式、刚愎自用而不思进取。

四、基于"生聚理用"促进人才发展边际效益递增效应

人才资源是可无限开发的再生资源，人这种特殊资源既是资本，也是资本的携带者和创造者。人才是一种特殊的资本，人才资本具有边际效益递增的知识经济特性。挖掘人才资源的潜力，充分合理利用现有人才资源，变人才资源的潜在优势为发展优势和竞争优势是人才开发的一项基本内容。在信息学理论中，对称性开发利用是最大限度合理使用信息资源的关键要素。这种

理论对人才资源的开发利用也大有裨益。在人才资源不同产业配置上，适应经济结构战略性调整的要求，及时引导经济行为主体在产业结构调整过程中对优化人才结构作出理性反应。打破按传统工业化模式配置人才资源的旧格局，变封闭性为开放性人才资源产业配置，把紧缺人才和智力引进向高新技术产业、主导产业、新兴产业倾斜。盘活非重点和非优势产业的人才存量，扩大重点产业和优势产业的人才容量，实现优化结构、优势互补，尽可能使人才资源配置与产业结构调整趋于一致，达到较佳的均衡状态。

人才管理机制的核心目标在于基于人才战略需求，积极打造整合的人才供应链。通过人才供应链打造确保各类人才的数量、质量与结构满足战略与业务需求，促进企业与人才间良性的创造循环，构建企业追求和个人价值双赢的事业平台。对油气企业而言，要注重对人才"生聚理用"的战略管理机制建设与作用发挥。生，就是产生，产生人才靠内外两方面协同。对外，需要引进人才，在引进的过程中尤其需要精准识别、严把招聘关、形成多维测评体系，更加注重针对性，同时，要加强后期培养；对内，要进行人才盘点、画像、精确掌握员工队伍情况，盘活人力资源存量，挖掘一批、培养一批。聚，就是要吸引人才，为人才搭平台，提供良好待遇，把人才聚集到一起。理，就是通过评估评价理顺人才价值与岗位关系，评价考核、针对性地找出短板弱项，精准施策，激励人才。用，就是把人才放到合适的岗位上去，在实践中成长。从而，不断提高人才资本的边际递增效应，促进人才价值最大化、最优化发展（如图4-2所示）。

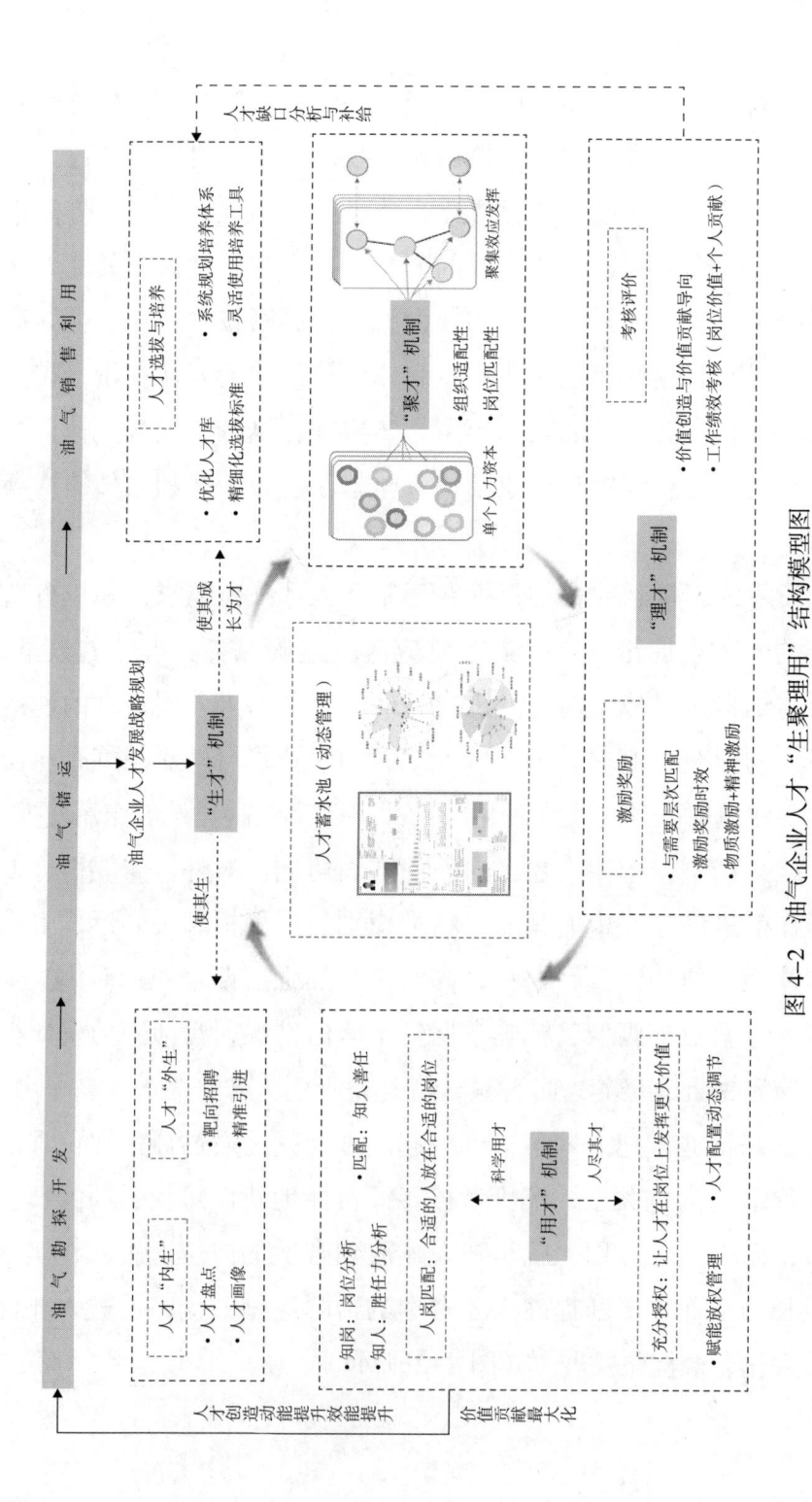

图 4-2 油气企业人才"生聚理用"结构模型图

第二节 "生才"机制

一、"生才"内涵与基本条件

生才，顾名思义，就是化育人才。"生才"一词，最早见于唐朝诗人张九龄所作《和裴侍中承恩拜扫旋辔途中有怀》一诗："生才作霖雨，继代有清通。天下称贤相，朝端挹至公。"此后的黄人《〈钱牧斋文钞〉序》也曾作："以高阳为前茅，国姓留守为后盾，而蒙叟蜂腰其间，何生才之不幸欤？"在化育人才的前提下，从过程来看，生才，应当包含"使其生"和"使其成长为才"的多重状态。使其生，对人才而言，一是人才通过自身努力不断提高素质修养与能力，实现自身成长与自我发展，二是来自社会和企业的力量促进人才的持续生长、成长。使其成长为才，就是在人才自身和外部力量介入促进生长的过程中，注重价值创造与贡献产出，朝着正向利于企业、社会发展的方向稳步前进，成为对企业高质量发展和社会经济发展能够贡献才干的人。

"生才"基本条件：其一，主观条件，最关键的还是要靠人才资源中个体的条件，包括人才资源要正确估价个体的才能能级和层级、要使个体具有转变价值、要有转变的能动性、要有正确的价值平衡观。其二，客观条件，包括要有生产资料、要有推动转变的切实可行的政策、法律和具体措施以及其他相关的生态条件、要有一定的生活条件、要有一定的社会和自然环境。

对油气企业而言，生才，就是要通过内部选拔培养与外部招聘等多重途径，进行人才化育，不断促进人才资源转变为人才资本转变，为人才要素价值创造提供坚实基础。因此，"生才"的要义，就是促进人才资源转变为人才资本转变。"生才"机制是指建立在企业的现状条件下，对发现人才、培养人才起推动、协调和控制作用的方法、手段及运动过程的综合体系或总和。通过人才培养可以使人才明确自己的任务、工作职责和目标，提高知识和技能，具备与实现企业目标相适应的自身素质和业务能力，在最大限度地实现其自身价值的同时为企业创造更大的价值，因此"生才"是一种重要的人力资本投资形式。

二、"生才"机理："内生"与"外生"

通过油气企业"内生"和"外生"多渠道协同，可实现人才"使其生"目标实现。在此基础上，开展人才选拔与培养，"使其成长为才"，促进人才资源向人才优势和竞争优势转换，才是"生才"机制的完整过程（如图4-3所示）。

（一）内生：人才盘点与画像

1. 人才盘点与结构优化

人才盘点是油气企业内部生才的首要前提，从油气企业发展战略的视角出发，通过人才盘点对人才资源状况进行掌控，能够为有的放矢做好"生才"管理提供必要保障。立足人才发展战略管理视域，可以将人才盘点与结构优化视为一个整体系统进行总体思考，基于此系统，可对油气企业现有人才资源情况进行盘点，包括人才对外的年龄结构、专业结构、层次结构、职能结构、智能结构以及气质结构，如图4-4所示。

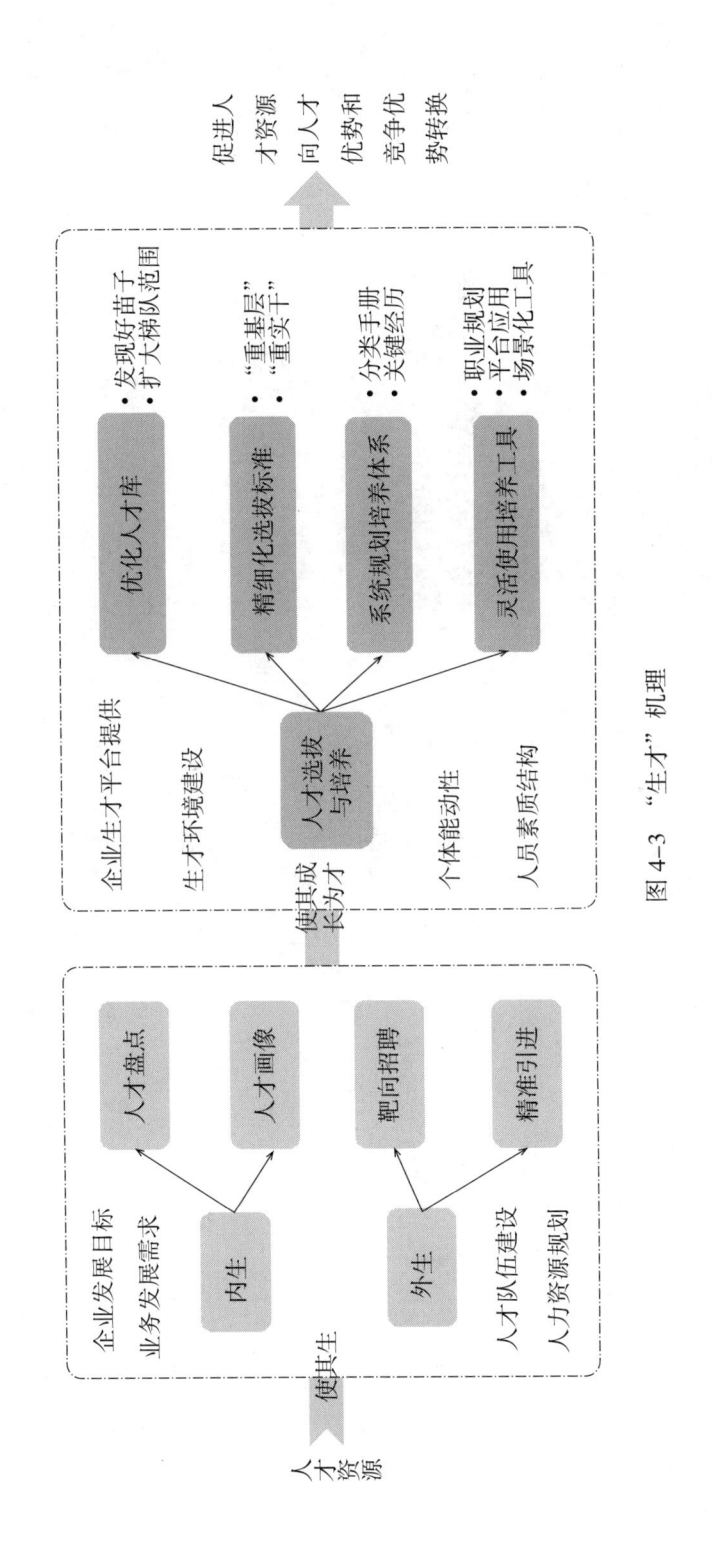

第四章 油气企业人才强企战略管理机制设计

图 4-3 "生才" 机理

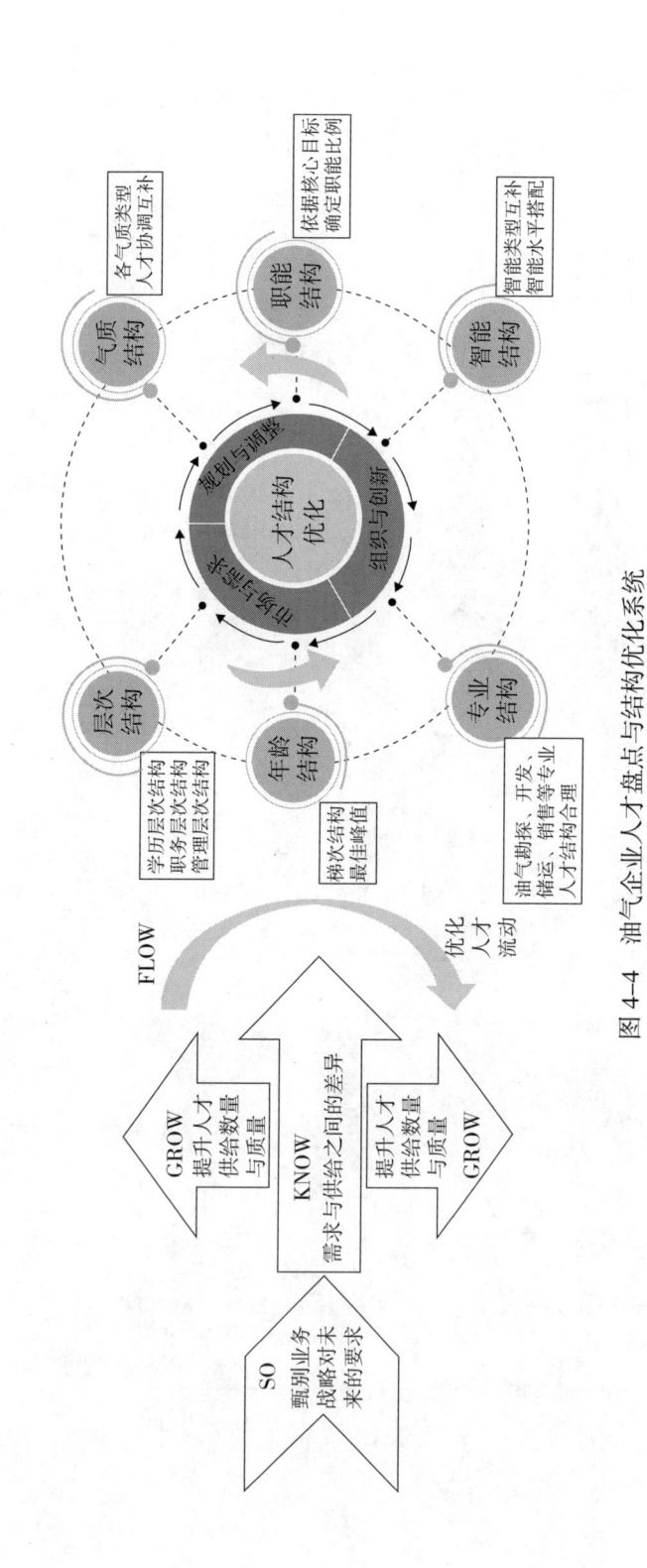

图 4-4 油气企业人才盘点与结构优化系统

油气企业人才层次结构优化,主要包括学历层次结构、职务层次结构、管理层次结构等。其中,学历层次结构分为学士、硕士、博士等;职务层次结构包括技术员、助理工程师、工程师、高级工程师等;管理层次结构主要分为执行管理者、基层管理者、中层管理者、高层管理者等。

油气企业人才年龄结构优化,是充分发挥不同年龄的人才在知识、体力、经历、能力及经验,让全体员工在年龄上合理分配,形成老、中、青的层次结构,人才平均年龄保持在37～50岁两个峰值之间,发挥各个年龄的优势,达到互补的效果。

油气企业人才专业结构优化,是确定好整个团体的主体专业,并充分发挥主体专业人才的作用,协调好其他专业的人才,聚集有发展潜力的后备人才团队,一起为组织目标努力。

油气企业人才智能结构优化,是要从油气企业的战略发展目标与任务出发,认识和把握人才群体结构的变化规律,建立一个较为理想的人才群体结构,并不断对群体要素和系统的组织配合方式的不合理性与失调的地方进行调整,以提高群体的整体功能,组成人才群体结构的综合思考形成一个多维的最佳组合。

油气企业人才职能结构优化,是立足组织的核心目标,根据各个职位职能的不同,坚持高效、协调、精干的原则,因事设职,因职选人,而不应当是因岗设人。

油气企业人才气质结构优化,是将不同气质类型的人才合理组织,克服各自的弱点,在相互协调、相互补充的过程中,组建立项的气质结构团队,为奋斗目标努力。

2. 人才画像

人才画像是根据"交互设计之父"艾伦库伯提出的"persona

（虚拟代表、人物模型）"观点演变而来的。简单来说，就是将生硬的人才标准变成生动活泼的人物形象，给理想中的人才"画个像"，从而使企业对人才的识别和评价更加简单易行。人才画像以人才标准基本框架为骨架，用人才画像的方式去描绘其中的每一项具体条件。

油气企业人才画像要素，应当包括：教育背景、既往经历、工作业绩、能力表现、个性特征、专业发展方向描述等。从员工角度来看，人才画像将实时记录员工的培养活动、轮岗实践、业绩数据等信息，以图表形式展示员工的成长轨迹，并通过多种员工成长路径规划设计，寻找合适的职业发展空间，满足不同层次员工晋升需求。

通过人才画像，在不同的人才强企战略管理阶段，实现差异化应用：一是描绘人才队伍建设目标，牵引人才战略规划。油气企业在编制人才强企发展战略规划以及动态跟踪时，应当以三支队伍建设目标为方向，而人才画像通过多角度、多维度对企业内典型标杆人才形象进行描绘和勾勒，能够成为解决队伍发展目标的有力工具。二是全面认识和了解人才，合理选拔与搭配使用。人才画像丰富了对人才的识别维度，多维度建立对理想人才的整体印象，脱出传统人才标准，更加精细化选人用人、更加科学回答"选谁用谁"。三是基于人才画像选择合适的人才培养方式。建立人才画像可以帮助油气企业系统比对当前人才队伍与理想画像之间的差距，提前谋划人才培养。四是锚定人才画像关键标准，提升人才招聘引进成功率。在开展招聘工作时，将人才画像中的各项指标进行优先级排序，明确必选项、可选项，锚定其中最为关键和核心的条件，使人才画像服务于人才招聘，提高人才引进的效率。五是以数字化手段建立人才画像，便于日常检测管理。通过记录每一名员工教育背景、既往经历、工作业绩、能力表现、个性特征等信息，基于数字化手段集成个体数据并形成某一类岗位后某一支人才队伍、某一类重点人群当前的画像特征，帮助油气企业更加便捷高效地监测其与理想画像之间的差距，为实时提供具有价值的决策信息奠定坚实基础。

（二）外生：靶向招聘、精准引进

对油气企业而言，所需要的人才专业方向相对较多、较为细化，油气企业要全面掌握人才的综合情况，严格匹配企业发展目标需求，实施靶向招聘、精准引进，要围绕不同人才队伍作用领域，构建人才地图，依托大数据预测，准确定位各领域人才需求，对重点引才对象，要实施定制化引才政策，促进人才资源精细化配置。通过联合攻关、智库咨询、短期租借等多种方式柔性引进海内外智力资源，实现人才要素跨地区配置。在具体途径上，油气企业人才"外生"，主要通过高校毕业生招聘、成熟人才招聘、高端人才引进等多重途径。

（三）人才选拔与培养

在"内生"和"外生"人才资源的基础上，开展人才发现、选拔与培养，更加精准高效。

（1）优化人才库建设，充分发现"好苗子"。一是要用设置指导线的方式取代"一刀切"，引导油气企业结合三支队伍岗位、职数、平均年龄水平、发展需要等合理规划人才队伍接替发展规模与条件，避免因固化的条件红线错失"好苗子"。二是适当扩大人才梯队建设的范围与梯度。对储备人才的下一级储备情况提前掌握和部署，避免"好苗子"埋没在基层业务单元，错失发展的最佳时期。

（2）精细化选拔标准，真正提拔有能力有实干的人才。一是精细化"重基层"选拔标准。油气企业可结合人才实际成长情况，合理明确基层经历所涉及的岗位、具体年限，以避免基层经历不足时"拔苗助长"，也避免基层经历过长耽误人才选拔成长。二是精细化"重实干"选拔标准。系统梳理油气企业近年来的重大项目目录，特别是对于技术攻关、理论创新、处僵治困管理创新等方面取得突出成效的，要明确具体认定标准，避免选拔人才时标准不一致，不知道该提拔谁。

（3）系统规划培养体系，有效提升人才素质能力。人才培养，是指对人才进行教育、培训的过程，被选拔的人才一般都需要经过培养训练，才能成为各种职业和岗位要求的专门人才。一是分类手册，加强体系化培养。通过研究不同类型人才队伍职业生涯特征，总结不同阶段人才发展诉求，明确培养目标，遵循"缺什么补什么"的原则精准施策，促进人才队伍科学成长。二是明确关键经历，建立培养主战场。油气企业可根据油气行业发展趋势、不同类型人才所处岗位业务特点，以关键岗位、关键项目、实践项目等为主体建立关键经历模型，并关键经历模型与培养计划相结合，指导人才培养过程中的经验拓展，使人才真正补足关键经历、关键能力。

（4）灵活使用培养工具，关注学习体验与成效。一是关注可选性：借助大数据等分析手段，结合员工的职业发展规划，帮助员工设立定制化的学习内容和目标。二是关注灵活性：建立正式或非正式的人才培养平台，如"微学习平台""间隔学习平台""移动阅读平台"等，通过微学习中间穿插模拟实践任务和小测试的方式，提高员工受训学习效果。三是关注场景化：采用新型协作软件、混合现实技术、建立实训基地等方式，以学习—实战—考核联动的手段为牵引，加速学员对学习成果的转化、能力的提升。四是关注共享化：建立博客、研讨系统等"社交＋学习"共享平台，员工无阻碍交流，及时获取学习资料，在提高学习效率的同时促进协作效率的提升，加速油气企业内部知识与技能的复用和沉淀积累。

三、"生才"管理路径

（一）持续优化育才规划

坚持面向油气行业科技前沿、重大战略需求、油气生产经营主战场，按照现代人力资源开发的基本原理，统筹油气企业人才培养开发，以每个五年计划的人力资源规划为依据，建立油气企业人才培养需求分析、跟踪预警和动态调整机制，滚动调整新时代油气企业进一步加强和改进教育培训实施方案。试点建立油气企业关键岗位胜任力模型，探索员工能力素质提升与职业生涯发展关系，差异化制定关键岗位员工职业生涯发展规划，推动训用一体化建设，构建员工能力素质评价机制与评价机构，着力形成油气企业人力资源开发完整业务链。

（二）结合需求精准培养

制定综合能力素质提升计划和专项人才培养计划，强化油气勘探、开发等主营业务领域核心人才培育，突出油气营销、法律等经营管理领域的骨干人才培育，抓紧新能源等紧缺业务领域人才的培育，超前做好国际化等业务领域的后备人才培育。发挥教育培训在存量人力资源开发中的重要作用，有计划做好退出业务领域人才的转岗培训，为油气企业人才跨领域转岗提供支撑。聚焦油气业务场景下关键任务目标，试点建立训战结合的岗位标准化培训体系，有序推行管理岗位任职资格认证培训制度，促进油气企业人才培训和使用的有效结合。

（三）拓展人才培养方式

按照"整体开发、梯次培养"的思路，设计符合人才成长规律的培养路径和提升方法，结合油气企业实际情况制定并实施分层分类培养计划，油气企业层面主要负责高层次人才的培养培训，油气企业所属单位结合自身发展需求，制定针对性和差异化人才培养计划。在三支队伍关键岗位上推行导师制和师带徒，新入职员工拜师率应尽量达到100%。推行新入职高校毕业生三年基础培养，实施"培训提升—岗位实践—跟踪评价—规划使用"全过程培育模式。坚持每年开展青年干部交流实践，加强轮岗交流，推动骨干人才在机关与基层、生产与科研等双向挂职锻炼。择优选派具有发展潜力和提升空间的年轻骨干到生产一线、艰苦地区、核心业务挂职锻炼。持续抓好优秀年轻干部培养选拔，分年龄、分层级实施"旭日计划"和"红日计划"。

（四）完善培养支撑体系

统筹优化油气企业培训资源，加快油气企业培训组织管理、专业运营、师资教材课程一体化建设，构建统一领导、标准规范、共建共享的创新型现代化油气企业培养体系。推动油气企业学习型组织建设，构建动态、协同、开放、自我创新完善的学习生态体系，引导各类人才主动学习、提升素质。按照"做优做精"的原则，加强油气企业培训机构专业化建设，构建开放包容的培训运营体系，提升油气企业人才培养保障能力。

第三节 "聚才"机制

一、"聚才"内涵与特征

"聚才"即人才聚集,是指在一定时间内,随着人才流动,大量同类型或相关人才按照一定的联系,在某一地区、行业或企业所形成的聚类现象,其最重要的特征一是规模性,二是聚集效应。油气企业的竞争也就是人才的竞争,从油气企业角度出发,"聚才"更为集中地体现在人才环境建设与平台提供上。

"聚才"的四个特征:一是要从组织和岗位两个视角进行考量,既考虑组织文化基因对人才的要求,也考虑具体岗位对人才的要求。二是不盲目追求冰山下的能力素质,兼顾知识、技能、经验等显性特征,与特质、价值观等隐性特质。三是重视态度(承诺)和业绩在人才标准中的价值,坚持以具备能力、愿意投入、作出贡献的标准来定义人才。四是各项标准间要有一定层次性,既能区分"能"或"不能",也能鉴别"优秀"与"一般"。

"聚才"的模式:一是市场主导型人才聚集模式。这种类型的人才聚集模式充分发挥了市场在人才配置中的基础性作用,政策只是在某些方面发挥辅助作用,以更好地为人才聚集服务,这种模式下的市场机制十分完善,人才聚集的形成、演化基本上依赖市场与人才互动的方式来完成,聚集的产生是自下而上的,是通过人才对聚集好处的追逐自发形成的。二是政策扶持型人才聚集模式。这种类型与市场主导型人才聚集模式相反,改善人才环境、增加教育投入、实施人才回流政策等政策扶持在人才配置中起主导作用，市场只能发挥辅助作用。

二、"聚才"机理：条件与效应发挥

对油气企业而言，"聚才"最重要的就是通过"聚才"条件的提供、平台的打造、岗位的适配，吸引和促进人才集聚，并不断发挥集聚效应，促进人才助力企业发展目标实现（如图4-5所示）。

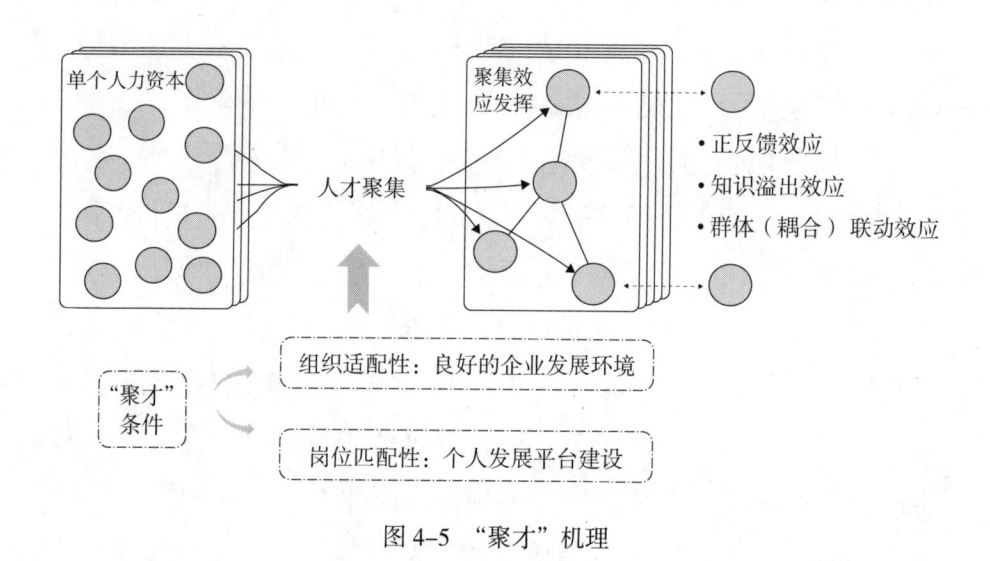

图4-5 "聚才"机理

（一）"聚才"条件：组织适配与岗位适配

1. 组织适配性：良好的企业发展环境

人才管理的重点在于创造人才发展的优良环境，不但使人才的素质、能力提高，更高有利于其才能的发挥。服务于人才聚集的需要，企业要从发展愿景、发展目标上为人才聚集提供方向和吸引，从人才聚集的系列政策制度上进行保障，为人才聚集提供良好的企业发展环境，吸引人才积极加入企业奋斗队伍，为实现企业发展目标出力。因此,在组织适配性方面,要重点关注企业的历史、基因、价值观等对人才提出的核心要求,这些既是企业对于同一类人才的通用素质要求,也是区别于其他企业,真正彰显本企业文化内涵的关键要求。通常来说,这类要求会涵盖品行、态度、价值观、个性特质等因素,在关注人才与整个组织文化适配性的同时,也关注其与所在团队人员的文化适配性。

2. 岗位匹配性:个人发展平台建设

人才到了岗位,需要通过个人在岗位上的努力、奋斗,把人才资源转化为能够服务于企业发展需要的人才资本,将个人素质能力为基础的内生能量转化为促进企业发展的势能,离不开所处的平台。这个平台以人才所处岗位为基础,与所在单位、企业、行业发展不可分割,因此,人才以此为据点,形成个人职业生涯规划、个人发展愿景、个人奋斗目标等,并为之努力奋斗,是实现个人价值的重要载体。因此,在岗位匹配性方面,重点关注岗位本身的工作内容对人才提出的要求,其中应既包括年龄、教育背景、从业年限等门槛条件,也包括绩效要求、与创造高绩效相关的关键经历、专业与领导能力、发展潜力等进阶要求,从而确保标准设置具有层次性,能够区分"能"或"不能",也能鉴别"优秀"与"一般"。

(二)"聚才"的聚集效应

有研究认为,"聚才"的聚集效应主要体现在三个方面。

(1)正反馈效应。若某一企业拥有吸引相关一流人才的环境与条件,从而形成人才聚集,人才聚集又使得企业得到发展,各方面实力提高,吸引相关人才的环境和条件就会更加优越,使更多的人才流向这里。如此循环,形成一个增强回路,产生正反馈效应。

（2）知识溢出效应。人才价值的核心是知识的价值。人才聚集的表象是个体的聚集，实质上也是人所承载的知识的聚集。人才聚集效应带来的最明显的特征就是人才的组合产生整体大于简单相加之和的效果，这个效果并不取决于单纯的劳动力数量的叠加，而实质上是人所承载和创造、交换知识的结果。

（3）群体（耦合）联动效应。人才聚集作用于一项系统工程，主要是通过分工和协同实现知识和技能的互补与替代，把个人价值和工程需要结合在一起发挥群体智慧，实现群体的联动，形成"万人一杆枪"的强大力量。

三、"聚才"机制运行

（一）多渠道持续引进人才

围绕油气企业主营业务发展和技术需求，大力引进高端油气科技创新人才，持续加大博士后、行业内知名技术人才、全国排名靠前的高校毕业的通用型人才等方面引进力度，保持与油气业务发展相关专业的院校和世界名校的招生比例持续增长。油气企业还要前移引才关口，提前介入急需紧缺专业毕业生招聘，提供实习生岗位锻炼，超前精准锁定急需紧缺人才。

（二）配套政策吸引人才

油气企业人才使用支持。建立高端成熟人才引进后在职称评定或原有职称认定上的绿色通道；在三支队伍关键岗位上推行导师制和师带徒；坚持每年开展青年干部交流实践，加强轮岗交流，推动骨干人才在机关与基层、生产与科研等双向挂职锻炼；择优选派具有发展潜力和提升空间的年轻骨干到生产一线、艰苦地区、核心业务挂职锻炼。

制定完善的政策及配套措施，从体制机制、经费、成果应用、知识产权保护等方面给予支持。建立完善的科技人才选拔机制，健全完善分配制度，按成果水平和贡献大小进行科学分配，对于特殊贡献者实施有针对性的奖励，与贡献挂钩，上不封顶。大力支持博士后开展基础理论研究，建立结果导向的项目验收评价体系。

（三）服务引领关爱人才

强化党委联系专家制度，做好分层次、多渠道、全覆盖双向沟通，开展谈心谈话，加强人文关怀。常态化开展"弘扬爱国奋斗精神、建功立业新时代"活动，建立完善关怀慰问制度，对有发展潜力、需要重点培养的优秀人才，开展交流谈心和节日慰问，通过在政治上充分信任、思想上加强引导、工作上主动关心、生活上全力照顾等举措，激发人才干事创业激情，为油气企业高质量发展提供有力的智力支持。

（四）激励各类人才担当作为

大力弘扬大庆精神铁人精神、川油精神，用精神力量凝聚人才。坚持"三个区分开来"，正确把握干部在工作中出现失误错误的性质和影响，稳妥推动受处理处分影响期满、符合有关条件的干部合理使用，切实为担当作为的干部撑腰鼓劲。尊重油气科研工作规律，对履行勤勉尽责义务、从事基础研究等工作，但因不可预见因素导致难以完成预定目标的科技人才予以免责。

第四节 "理才"机制

一、"理才"内涵

"理才"即人才管理,是指对影响人才发挥作用的内在因素和外在因素进行计划、组织、协调和控制的一系列活动。广义的人才管理包括人才的预测、规划、选拔、任用、考核、奖惩、激励等,狭义的人才管理只包括考核、奖惩、流动等。人才管理的目的是创造良好的外部条件,调动人才的内在因素,最大限度地发挥人的才能,充分开发人才的潜在能力,力求使"人尽其才,才尽其用"。人才管理是人才效能、人才实力的重要影响因素,是人才开发的必要条件。

二、"理才"机理:价值导向、评价激励协同

通过价值创造为导向的评价激励协同,调动油气企业人才内生动力、最大限度发挥主观能动性和潜在能力,力求使"人尽其才,才尽其用"(如图4-6所示)。

(一)以价值创造为导向

油气企业对人才的管理,应当放置于油气企业作为国有企业在创建世界一流企业框架下开展价值创造提升工作的大环境下,突出人才价值创造和价值贡献的导向。具体而言,注重四个导向。

1. 导向一:以效率效益为基础

油气企业生存与发展是"价值创造"的前提,营业收入、利

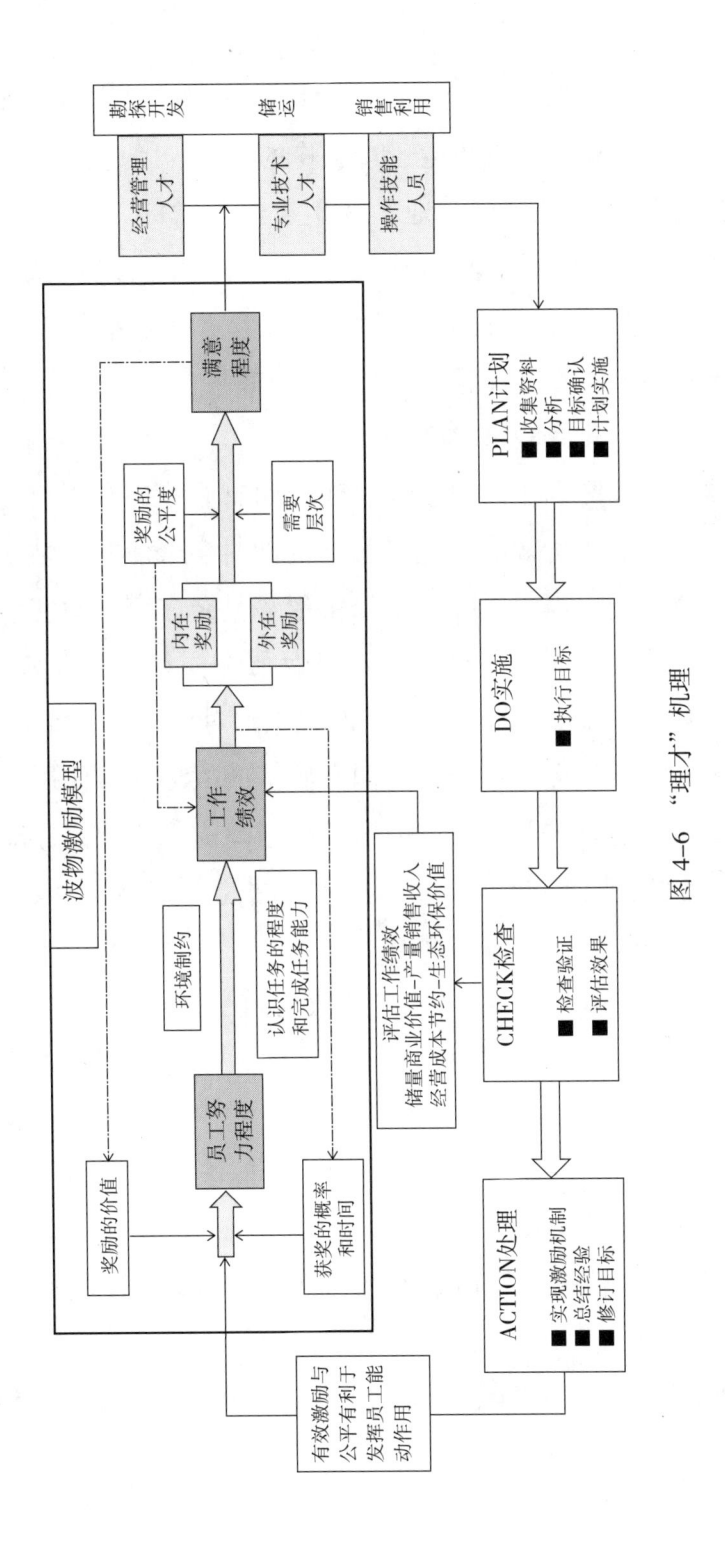

第四章 油气企业人才强企战略管理机制设计

图 4-6 "理才"机理

润总额、净资产收益率等基础经营指标的提高是实现企业高质量发展的根基，也是开展价值创造工作的基础。因此，劳动生产率、劳动效率等一直是油气企业重要生产经营指标。在"理才"时，不可忽视人力资源效能，侧重于人的投入产出，但从本质上看，是要反映人力资源系统的有效性，将经营贡献与人力单位相联系，计算出不同人力的投入是否产出了相应效果。

2. 导向二：体现整体价值

油气企业区别于一般企业，作为国有企业，在创建世界一流企业时，强调质量效益等经济价值的同时，聚焦共建共享，注重政治价值创造。当前国际政治经济形势复杂多变，国有企业的价值能力提升尤为重要，通过提高产品服务质量和企业效率效益，在全球竞争中赢得战略主动的同时，主动对接国家区域重大战略，服务国家战略落实，充分发挥国有经济的战略支撑作用。这些诉求，对油气企业"理才"也提出了相当高的价值规范标准，必须以整体价值为先导进行个人价值创造，才能可持续发展。

3. 导向三：体现价值奉献

油气企业履行社会责任逐渐成为重要的时代潮流和商业规范，油气企业因创造财富而成长，因奉献社会而更具发展价值。习近平总书记指出，只有积极承担社会责任的企业，才是最有竞争力和生命力的企业。油气企业区别于一般企业，不仅要发挥在促进经济持续健康发展中"压舱石"作用，也要在推动高水平科技自立自强、促进区域协调发展、推进生态文明建设和保障和改善民生中贡献最大力量，以担当创造价值。同时，自我国石油工业发展以来，价值奉献一直是行业遵循的信仰，深入行业精神脉络。

4. 导向四：注重长期价值

对于油气企业，锻造长期价值，实现基业长青是价值创造的根本所在。其长期性要求油气企业必须践行可持续发展理念，注重短期效益和长期效益的平衡，坚持聚焦主业、创新驱动，实现企业高质量、可持续发展，为经济社会发展作出更大贡献。在人才培养上，也秉持这一理念，注重人才可持续发展促进油气企业可持续高质量发展。

（二）充分发挥评价"指挥棒"作用

随着国有企业深化改革和国有企业人才发展体制机制改革的深入，更多从发展战略、经营指标、风险合规等角度，长期与短期相结合，制定可量化的人才工作业绩指标，并明确考核维度、衡量标准、配套管理激励。人才工作业绩评价维度根据企业不同特点各有不同，但总体上，要做到定性评价与定量分析相结合，既看近期表现又看长期表现，既看显绩又看潜绩，既看个人贡献又看集体作用。切实发挥考核评价的作用，把评价结果与人才培养教育、管理监督、激励约束、问责追问、能上能下结合起来，为企业科学决策提供坚实的证据。

结合国家系列政策制度，油气企业发挥人才评价"指挥棒"作用，需要"立新标"，其导向主要体现在：一是坚持德才兼备导向，二是以创新价值、能力、贡献为导向，三是突出分类评价导向、尊重人才价值创造差异性。

（三）评价与激励协同作用

考核机制要与整个油气企业人才管理体系紧密关联，协同配合落实激励政策，才能起到人才激活、战略达成、企业提质增效的战略目的。一是物质激励，通过考核影响员工的浮动薪酬实际收入，从机制上明确将提质增效工作与每位员工的切身利益进行关联，并切实落实三项制度改革强调的"能增能减"。另外，还可将考核结果与利润分享、任期激励、分红、股权等中长期激励进行关联，进一步鼓励优秀人才为油气企业的长期发展发光发热。二是发展激励，通过考核影响员工的职业发展，把工作质量好效率好的优秀员工的晋升通道打开，树立标杆影响油气企业整体工作氛围，并切实落实三项制度改革强调的"能上能下"。三是培养激励，对考核结果较好的干部和员工开放能力提升培训计划，以角色转化、能力升级、文化培养等方式，通过课程、行动学习、轮岗、导师制等多种手段，作为后备人才库进行培养。

三、"理才"管理途径

（一）优化全员绩效考核机制

以油气企业组织绩效目标为导向，以岗位职责为依据，以业绩和能力提升为目标，不断优化个人绩效考核指标体系，注重短期绩效与长期发展的结合。强化过程考核和结果应用，推行考核结果强制排序，不断完善员工业绩和能力的定量考核评价体系，制定阶段性目标措施，定期开展监督、检查和辅导，通过绩效制定、执行、评估、改进和应用，形成良好的绩效考核闭环管理。

（二）推行多元化的工资总额决定机制

强化油气企业工资总额分配与业务归核化发展和用工方式转型相联动，工资总额增量重点向业绩贡献突出的油气主营业务倾斜。健全油气企业工资总额与人均效益效率提升的挂钩机制，确保单位工资总额增长与效益增长、劳动生产率提高同步。深化油气企业"放管服",推动非控股混改企业试行工资总额备案管理,加大非控股混改企业工资总额自主管理权,按照市场规律运行,鼓励参照行业特色、市场化机制制定薪酬政策,切实提升混改企业市场竞争力。

(三)完善市场化的薪酬分配机制

按照"上下层级有交叉,同层级有差距"的思路推行宽带薪酬试点,打破"职级不变、收入不变"的惯性做法,激励员工立足岗位创造价值,形成"以岗位价值为依据、以绩效考核为主导、以胜任力为基础"的宽带薪酬体系。强化油气企业薪酬水平与劳动力市场对标,建立不同岗位所对应的市场化薪酬清单,推动油气企业高精尖缺人才薪酬水平与劳动力市场接轨;对高于劳动力市场价位的岗位或工种,要严控工资增量投放,薪酬水平逐步过渡到市场价位。

(四)构建人才定向奖励机制

深化油气企业人才定向奖励,加大油气科技人才和科研团队的奖励力度,建立获得省部级及以上科学技术奖励配套制度。在油气企业科研院所实施特区试点,适当提高科技成果转化创效激励奖金比例,拓宽列支渠道,不断提高科研人员创新创效积极性。推行油气科研项目"揭榜挂帅"机制,让有能力的人才"揭榜",出征"挂帅",进一步激发科研人员动力活力。健全油气企业操作技能人员创新创效奖励机制,把操作技能人员创新创效奖励纳入"科技创新奖"范畴,激励操作技能人员在技能革新、现场工艺改造中发挥作用。

（五）完善薪酬精准激励机制

始终坚持价值贡献为激励核心，深化油气企业对管理骨干、科研技术骨干、班组长等十类群体精准激励的机制，区分一般劳动和价值创造，激励奋斗者、肯定奉献者、尊重劳动者。优化油气企业专项奖励政策，提升油气企业重点工程、重点项目、重点任务和专项工作的专项奖励额度，适度优化保障类奖励额度和管理类劳动竞赛项目，突出特别贡献奖励，把有限的专项奖向为油气企业创造更大效益的业务和岗位投放。

第五节　"用才"机制

一、"用才"内涵

"用才"即人才使用，人力资源管理中的用才，是指人事主管部门按各岗位的任务要求，将聘任到的人才分配到企业组织的具体岗位上，给予不同的职位，赋予他们具体的职责、权力，使他们进入工作角色，开始为实现企业目标发挥作用。"用才"的内涵包括：一是用人贵在用人之长。现代管理科学表明，世上少有无才之人，只有用人不当的管理者。二是注重人才的方向性。人的才能有大小、高低之分，并有方向性，即各有不同的专长。三是实现人尽其才。这就要求企业必须建立一套合理而有效的人才管理体制，为人才脱颖而出创造必要的条件，努力达到人尽其才的目标。

对油气企业而言，用才，是指通过人才的鉴别把符合标准的人才按一定的程序选拔出来之后，安排在一定的职位上，给予相应的职责和权利，使人才发挥其素质，完成工作，达到人与事的统一，才与位的对应。实现人与人之间的协调，部分与整体的和谐。

二、"用才"机理：人岗匹配、充分授权

油气企业"用才"，要立足工作岗位不同对人才的需求就不一样，从岗位专业、才能、年龄、性格等方面，针对不同的岗位配置合适的人才，满足工作岗位对人才的需求，从而促进人才在岗位上不断提升创新创造能动性、提升效能，实现人才价值贡献最大化（如图4-7所示）。

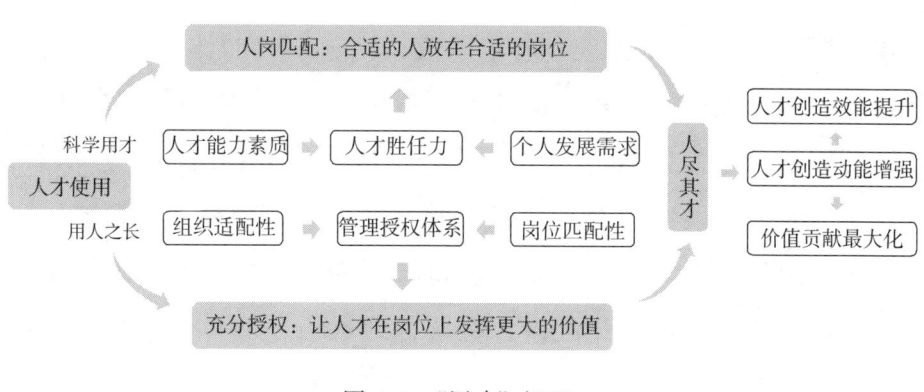

图4-7 "用才"机理

（一）人岗匹配，合适的人放在合适的岗位

合适的岗位最大效度发挥人才的效率和潜能。油气企业生产运行业务链长，不同的管理岗位、技术岗位对人才需求不同，需要知识能力、特征优势与之匹配的人才才能胜任。油气企业人岗匹配的首要前提是知岗，即岗位分析，通过清晰界定描述岗位工

121

作职责、工作内容、工作流程等，为有针对性地选择合适的人提供基础条件。其次，要知人，即胜任力分析，可结合人才画像，通过履历分析、心理测验、人机测评、情景模拟、结构化面试等方式方法，对人才的岗位胜任力进行综合考量。最后，匹配，即知人善任，要最大限度利用员工优势，把合适的人放在合适的岗位，并通过环境建设与管理提升促进其更好发挥工作潜能力，实现人才有效利用。

（二）充分授权，让人才在岗位上发挥更大的价值

人才使用过程是一个人才素质能力进一步开发提升的过程，也是人才配置动态调节的过程。因此，油气企业对人才的使用要建立在充分授权的基础上，"用人不疑、疑人不用"，要坚持公平、正义、公开透明的原则，优化资源配置，建立责权利相统一的人才赋能放权管理机制，给人才创造自由、高效的作用发挥平台，为每一个人提供施展才华的舞台，提供人尽其才的可能，创造人尽其用的机会。同时，随着人才在工作岗位上的实践经验积累，人才的能力素质也会发生变化，而油气企业发展环境、发展目标的变化调整对人才的需求和要求也会不断变化，促使人才使用必须动态调整，不断优化配置，在"合理—不合理—合理"的迭代循环不断螺旋式上升的过程，达到人才使用的不断完善和优化。

三、"用才"管理途径

（一）树立鲜明用人导向

建立健全德才兼备、以德为先、任人唯贤、人事相宜的选拔任用体系，鲜明树立重基层、重实践、重业绩、重担当的用人导向，破除唯学历、讲台阶、论资排辈、平衡照顾、求全责备等观

念，不拘一格选才、扬长避短用才，确保油气企业各类人才用当其时、各展其才。

（二）畅通人才职业发展通道

畅通油气企业纵向晋升机制，明确各层级的晋升标准、待遇等问题。打开横向贯通机制，鼓励推动优秀人才在三支队伍序列中合理流动，实现纵向发展畅通、横向转换有序。科学设置业务专家岗位，实行竞争性选聘，完善专业人才队伍发展通道。对业绩贡献特别突出、专家评议高度认可的优秀专业人才，不受层级限制直接参加高层级岗位选聘。深化油气企业职称制度改革，开通优秀人才岗位晋升"绿色通道"。

（三）推动人才市场化流动配置

建立完善存量人才流动机制，发挥油气企业人力资源交流平台作用，破除人才流动壁垒，鼓励通过油气企业平台实施人才余缺互补流动，流出单位按措施减员激励、流入单位核增用工计划，促进油气企业人才在更广领域、更高层面共享。完善优化配置激励政策，鼓励引导人才向急需紧缺业务、艰苦边远地区和基层生产一线流动，促进人才均衡发展、合理分布。

（四）深化授权放权改革

落实激发油气企业科研机构和科研人才动力活力相关措施，进一步优化人才、资金、平台等资源配置，更好为油气企业科研机构和科研人才赋能放权，推动建立责权利相统一的油气科研机制，让做课题的管课题、做项目的管项目，人才得到尊重、价值得到认可。从严控制检查考核事项，精简会议文件，为油气企业各类人才松绑减负。尊重油气企业科研团队参与者的实际贡献，严禁无实质贡献的虚假挂名。

第五章

油气科技创新人才价值溯源分成评估

　　科技是第一生产力，创新是第一动力，人才是第一资源，创新驱动实质上是人才驱动，企业要实现高水平科技自立自强，归根结蒂要靠高水平创新人才。围绕如何创新科技人才评价机制以激发科技人才创新活力动力，国家先后出台了系列政策制度，提出要在人才评价上深入破"四唯"、深化"三评"改革，构建以创新价值、能力、贡献为导向的人才评价体系等要求，给油气企业人才评价改革提出了新方向。然而，人才价值创造与实现本质是人的劳动创造价值的过程，具有丰富内涵与深刻外延，依据人才不同身份属性、社会角色呈现差异化表征，在这个前提下，讨论人才价值评价，本身存在巨大难度。且油气企业科技创新围绕生产经营需求开展，多项创新成果与生产经营过程融于一体，协同创造油气增储增产价值，单项创新成果的价值贡献难以分离，单个人才在其中的创新能力及价值贡献更加难以剥离。因此，人才价值评价理论与方法在学术理论界仍是在攻关领域，当前针对油气企业的人才价值评估理论与方法的相关研究更少。如何充分发挥人才评价"指挥棒"作用，科学合理量化人才创新价值，更好激发油气企业人才创新活力动力，成为油气企业深化人才发展体制机制改革的突破点。基于此，以油气科技创新人才价值创造为逻辑起点，从生产全要素协同创造就是增储增产价值、单一要素应当按照具体贡献参与价值分享的思路出发，尊重科技创人才创新与价值创造过程与客观规律，以科技创新成果为载体进行价值溯源，构建油气科技创新人才价值溯源分成评估方法，实现对科技创新人才价值贡献的合理量化。

第一节　生产全要素驱动与人才价值创造

一、生产全要素协同驱动创新创效模型

生产要素是指人类在进行物质资料的生产过程中需要和使用的各种具有相对特殊功能的基本因素。现代企业理论认为企业是生产要素契约的集合，投入的各生产要素（劳动、资本、科技、管理等）相互合作，联合生产，共同为企业创造价值。

众所周知，油气企业的经济效益是科技、管理、投资、劳动多种生产要素以及资源禀赋、经济地理环境、价格等多个影响因素共同作用的结果。要素资源配置的结果直接决定投入产出效率和经济效益。自然条件、生产管理水平都影响生产要素的组合，这种有效配置和组合的过程就是形成新的、离不开生产要素的有效配置。因此，生产要素参与分配是将物质资料生产实现的利润，依据劳动、资本、技术、管理等要素各自在生产过程中所作贡献，在普通劳动者、资本所有者、技术人员、经营管理者等之间进行的分配（如图 5-1 所示）。

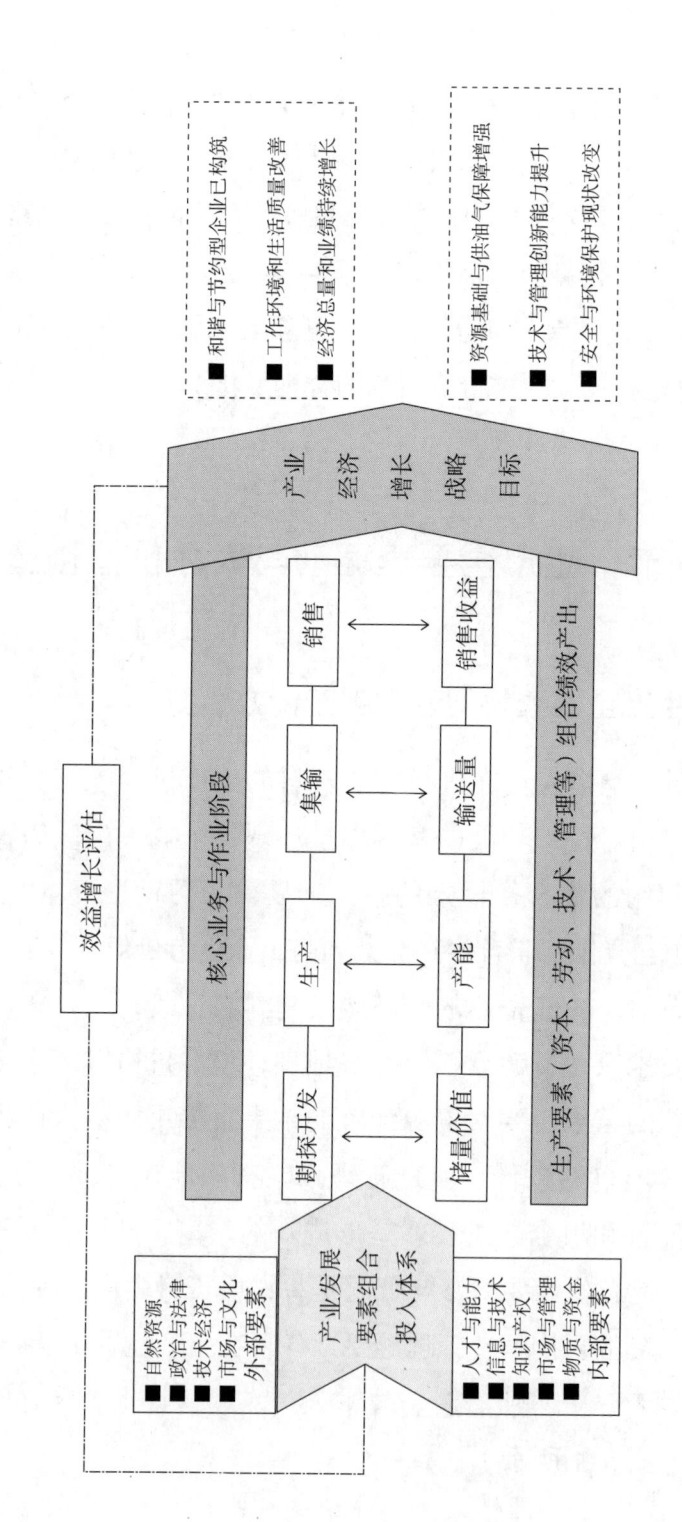

图 5-1 生产要素（资本、劳动、技术、管理）价值创造系统

二、全生产要素投入分析

(一) 资本要素

马克思说:"资本是能够带来剩余价值的价值"。从广义讲,其构成有物质资本、资金资本、人力资本、技术知识资本等。油气企业的生产收益既受经济规律影响又受自然规律的影响。影响油气勘探开发收益的物质资本要素主要是油气储量丰度、储量规模和产能等,油气勘探开发的资金资本也主要投入在物质资本要素。统计分析表明,油气勘探开发资金投入中,薪酬、科技和管理创新投入仅占30%左右。在自然资源资本方面,根据《石油天然气储量计算规范》(DZ/T0217—2005),储量计算中的油气储量丰度、油气储量规模、油气开发产能等是重要的自然资源资本子要素。国内许多学者认可自然资源作为生产要素的结论,因为自然资源的品位高低,决定了包含油气企业在内的资源密集型企业在劳动、资本、技术不变的情况下产出的多少。

因此,油气企业资本要素应当包括五类:(1)油气储量丰度。油气储量丰度指单位面积内的储量数,即探明储量与含油面积的比值,在其他条件相同的情况下,储量丰度越大,储量集中度越高,单井产能越大,所需工作的面积和井数越少,单位投资越小,单位开采成本较低,因而油气储量丰度越高对储量产量的贡献越大。(2)油气储量规模。油气储量规模指储量的多少,储量规模产生一定的经济规模,储量规模越大油气越易开采,在固定成本占很大比例的油气开采活动中,单位产量分摊成本越小。油气储量规模大,单位开采成本较低,对收益的贡献越大。(3)油气开发产能。油气开发是指对已探明的油气田实施产能建设和油气生产的经济活动。产能建设是指完成开发井网钻井和相应的地面设施的工程，它不但要在规模投产前集中进行，还要在生产过程中不断补充实施，以弥补油气井产量的自然递减或提高产能。油气开发产能以油气藏千米井深稳定产量表征。油气开发产能大，单位开采成本较低，对收益的贡献越大。（4）油气人才资源配置。油气勘探开发业务流程中，都需要各类专业人才和技能人才。其中，各类人才占油气勘探开发项目投入人数的比例，反映油气勘探开发项目人才资本投资强度，投入越高，项目创新成效越显著，人才资本分成率越大。（5）油气研发投资结构。项目投资结构包括勘探开发业务流程中各项投资。其中，项目研发成本是指油气企业为勘探开发项目所进行的科学研究、技术开发、中间产品试验等形成技术成果所发生的费用。技术投入比例（研发投入占油气勘探开发项目总投入的比例，它反映油气勘探开发科技创新与应用的力度）直接影响分成率，技术创新难度越大，技术资本要素投入越高，技术要素质量提高，降本增效作用越显著，研发资本分成率越大。

（二）管理要素

管理的主要职能是计划、组织、领导、控制、沟通，主要由组织、流程、人、目标、考核和激励六个要素构成。与一般制造业相比，油气企业生产管理的作用更加突出，更加重要。一般制造业达到设计生产能力，生产走上正轨后，只要维持简单再生产就能保持原有的生产规模，而油气企业则不能。油气企业要保持原有的生产规模还需进行不断地投资，即使这样，原有的生产规模也不一定能保持，这个过程中，油气生产经营管理的作用至关重要，因此油气企业勘探开发中有必要单列管理要素。油气生产

第五章 油气科技创新人才价值溯源分成评估

和经营管理的主要对象是项目管理，针对油气勘探开发项目而言，油气储量产量经营价值除了受到储量本身经济价值制约以外，同时还受到开发生产方案、企业经营模式、市场需求以及经济社会发展、政治政策制度等诸多外部条件影响。根据《项目管理指南》（GB/T 37507—2019/ISO 21500：2012）的五要素结构，油气勘探开发项目管理子要素包括：项目启动、项目规划、项目执行、项目监督、项目收尾等管理内容；结合《中国石油天然气股份有限公司油气勘探项目实施管理办法》（油勘字〔2004〕6号），《中国石油天然气股份有限公司天然气开发管理纲要》，油气储量产量经营价值除了受到储量本身经济价值制约以外，同时还受到开发生产方案、企业经营模式、市场需求以及经济、政治、政策等诸多外部条件影响。

因此，油气企业管理要素应当包括五类：（1）项目启动管理。项目启动管理主要包括油气勘探或开发组织管理、项目内控制度建设等。（2）项目计划管理。油气勘探开发项目计划管理内容主要包括：项目目标的确立、实施方案的制定、预算的编制、预测的进行、人员的组织、政策的确立、执行程序的安排及标准的选用。例如，在勘探方面，有勘探部署和单项工程设计管理，在开发方面，有开发前期评价和开发方案编制等管理。按油气勘探开发项目计划指导科学和有效的实践，将油气勘探开发项目计划的系统性与创造性、弹性与可调性、分析性与响应性等。（3）项目执行管理。项目执行管理是在项目管理制度的框架下，按时、保质、保量地完成工作任务的能力，它反映了项目计划与目标的贯彻程度。管理办法和操作程序实际是项目的制度保障体系，在管理办法完成后，需要进一步营造项目执行的环境，明确工作思路和工作程序、及时跟进、及时反馈、加强沟通,以确保工作形成闭环。油气勘探开发项目执行管理主要包括:在勘探方面,有勘探生产、经营与投资管理。在开发方面,有开发产能建设与清洁开发生产,勘探开发技术应用等管理内容。例如,经营管理中的关键管理要素是人员管理、内部沟通、合同管理、设备管理、物资管理、财务管理和文化管理。按照市场化运营,引入社会化服务力量,强化目标责任制,推行薪酬激励机制,形成竞争,大力压缩人工成本,实现降本增效。(4)项目监督管理。项目监督管理是指项目负责人以及项目团队,为了配合政府机构的行政部门(上级主管部门)对项目实施监督进行的组织、协调、配合等一系列活动。油气勘探开发项目监督管理主要包括:在勘探方面,勘探圈闭成果与探井井位管理、项目年度储量考核。在开发方面,开发新增产能与采收率,项目年度产量考核等管理内容。例如,项目实施过程中经济政策支撑与监管。(5)项目收尾管理。项目收尾管理主要是项目验收、项目总结和项目评估审计管理等,如项目的正式验收包括:验收项目产品、文档以及已经完成的交付结果。油气勘探开发项目收尾主要包括勘探项目实施效果,如储量、产量、投资目标完成情况,储量与矿权管控水平,勘探开发项目实施效果获得嘉奖情况,如储量发现奖、超产奖、重大科技成果奖、技术应用增效激励等。

(三)劳动要素

劳动力、劳动对象和劳动资料是物质资料生产必须具备的最基本生产要素。在劳动要素收益分成利润中,必须处理好经营劳动、管理劳动、技术劳动、生产服务劳动等不同性质劳动的分配关系。劳动资料包括直接作用于劳动对象的生产工具的系统、用以发动生产工具的动力系统和能源系统、运输和辅助系统，以及为实现各种劳动资料的最佳结合所必需的信息传递系统等，其中最重要的是生产工具系统。对油气勘探开发项目来讲，人才资源是油气勘探开发项目的第一资源，以劳动素质结构表征劳动力，以油气工程装备与信息化表征劳动资料，以油气产层、油气储层物性、油气品质类型表征劳动对象。实践证明，劳动必须具备劳动者的劳动、劳动资料、劳动对象三个简单要素。劳动要素包括以油气劳动组织方式表征劳动力，以工程技术装备表征劳动资料，以油气产层埋深、油气储层物性、油气品质类型表征劳动对象。

因此，油气企业劳动要素应当包括五类：（1）油气勘探开发项目劳动素质结构。劳动力素质是指劳动者思想素质、智力素质和体力素质的总称。因此，油气勘探开发项目有针对性地开发适应其特点的组织结构、分配机制、激励政策、领导方式、项目文化等，以使其创新创效能力得到不断加强。项目工薪结构科学合理，能有效促进油气勘探开发作业者发挥主观能动性，创造更多的效益。加强人才培养、使用，满足油气勘探开发项目的需要，创造更大的效益。项目生产劳动组织方式市场化、开放合理有效、生产组织集约化、扁平化，能有效降低组织协调成本。（2）油气工程装备与信息化。油气勘探开发项目的工程装备与信息化，其中，油气工程装备包括为油气勘探开发作业的工程装备，如钻井工程、油气藏工程、地面建设工程等装备，信息化包括油气勘探开发项目运维的信息化与物联网建设，为油气勘探开发项目提供坚实的保障。（3）油气产层埋深。油气产层埋深是影响投资成本的重要因素，钻井投资往往随着井深的增加而呈指数增加，且深度增加到某一程度后会使钻井成本和投资迅速增加，为定量负向指标。油气产层埋藏越深，勘探开发投入越大，对收益的贡献降低。（4）油气储层物性。油气储层渗透性指在一定的压差下，岩石允许流体通过其连通孔隙的性质，决定着油气在其中渗透的难易程度，渗透率越大，越容易开采，为定量正向指标。储层物性好，开发成本降低，对收益贡献增大。（5）油气品质类型。油气品质类型涉及原油和天然气。原油黏度指原油在流动时所引起的内部摩擦阻力，黏度大的原油流动性差，开发难度较大，从而增加了开发费用。原油凝固点表征原油含蜡量的指标，含蜡量越高，凝固点越高，析蜡温度越高，析蜡温度高，油气井越容易结蜡，从而增大开采成本。

（四）技术要素

技术作为一种基本的生产要素，同土地、资本等要素不同，它是可以再生的，是无形的，具有综合性、外部性、独特性、独占性、时间性等特性。技术要素的固有特点对其参与收益分配有着重大影响。影响技术要素收益分成率的主要因素，包括技术的经济性、成本构成、技术水平、技术成熟度、技术专利的经济寿命或技术的法律状况、技术转让方式和受让条件、技术的通用性和性能、技术的市场化前景、技术所属行业状况等。在油气勘探开发项目中，关注的是科技成果应用到具体油气勘探开发项目后的创效能力，对技术成果的法律状况、市场化转让等方面可以弱化。根据《中国石油天然气集团有限公司科学技术奖励办法》（中油科〔2017〕189号），表征技术要素创效能力的主要指标有技术性能、技术成熟度、技术水平、技术匹配性、技术经济性五个方面。

因此，油气企业技术要素应当包括五类：(1)油气技术性能。技术性能主要包括油气技术应用范围、技术特点、主要优点、特色与优势等。技术性能高，针对性好，技术特色性强，技术创效能力增强，技术分成率较高。例如，优化改进现有工艺技术，包括低污染、低成本钻完井技术、水平井和多分支井钻完井技术、不同储层改进压裂技术等，在油气藏描述及评价技术、钻井及完井技术、压裂及开发技术、开发方式优化技术、地面工程简化技术等方面进行开拓、集成、创新等。(2)油气技术成熟度。技术成熟度是指科技成果的技术水平、工艺流程、配套资源、技术生命周期等方面所具有的产业化实用程度。成熟度反映了技术对于预期目标的满足程度，由技术配置度、技术集成度、技术应用领域广度予以反映表征。勘探开发技术成熟度包括工程技术和工艺技术的成熟度。成熟度随技术的研发阶段、小试、中试以及产业等不同阶段，其技术成熟度逐渐提高。技术越成熟，运用该项技术成果的风险越小，其等级标准越高。油气勘探开发技术系列的技术成熟程度直接影响技术应用的消化、吸收和创造价值，从而决定勘探开发应用技术的风险和投资风险的大小。(3)油气技术水平。技术水平指技术含量的高低和先进程度，技术的水平直接影响其经济寿命盈利能力和风险的大小。油气技术水平与其所处的发展阶段有关，从技术产品的先进性来考察，可以分为创新阶段、成熟阶段、标准化阶段。(4)油气技术匹配性。为确保油气勘探开发技术的持续创新、科学发展，在技术应用创新过程中，必须从系统层面注意若干关键关系，如技术与项目目标任务指向、与其他技术结合、与技术环境之间的匹配等。相关技术间的匹配关系到整个技术系统能否综合集成从而实现最终的性能指标，是最为核心的问题。只有在油气勘探开发技术应用创新的全过程中，及时分析、迅速处置各种技术匹配问题，才能减少技术应用风险，避免技术性能一降再降，充分满足技术目标任务需要。（5）油气技术经济性。技术经济性指的是技术的获利能力，参与收益分配的技术要素，则必须要立足于各项技术在实际运用中所创造的收益进行分析。根据贡献分成原则，技术的获利能力越高，即运用技术资产进行生产经营，创造超额或垄断经济效益和社会效益的能力越高，则分成率也越高。例如，随着水平井和体积压裂改造技术的发展，有利储层预测技术，储层改造工艺技术，多层合采提高单井储量控制程度，与优质储量套采提高储量动用程度，水平井开采难采储量，老井挖潜技术等，对难动用储量经济技术有效开采。

三、油气科技创新人才价值形成与表现形式

（一）油气人才劳动价值本源

价值是一个概念体系而非一个单一的概念，可以是一种实际评价也可以是一种象征意义，可以是定性的也可以是定量的。价值几乎是每个学科都会探讨的问题，而哲学中的价值应该是哲学研究中最古老、最源远流长的重要问题，为不同学科对于价值的分析、判断、评价与利用提供了重要认识标准。

马克思主义在论及历史的第一个时期即全人类生存的首要前提时提出：人类为了创造历史，必须先要能生存，就需要衣食住等物质；为了获得这些物质，又需要有目的地创造和使用生产工具，催生了科学技术的产生和发展。因此，物质第一性是世界的本源。根据马克思主义物质第一性的理论，世界既是"人化自然"

的过程又是"劳动物化"的过程,都是以人的主体性发挥程度为旨归。对油气企业而言,通过发挥人的主观能动性探索和认知以油气资源为对象的客观世界的集中体现,是劳动促进人提升与进化的过程,也是劳动价值的形成与产生过程。没有人的"活劳动"作用并发挥价值的过程,人类社会与油气资源之间难以建立如此紧密的价值联动,因此,可以认为,客观的、自动自为的油气资源为基础的自然界起到了提供物质资料与物质世界客观规律的作用,通过劳动物化,达到认识自然、利用自然的目的,产生油气资源开发利用的潜在价值;而油气资源被"人化自然"的状况,其实在很大程度上还应受到社会生产力发展水平、社会组织架构、道德体系与文化水平等社会因素的制约,直接影响着油气资源的价值效应。回归物质第一性的要义,油气资源开发利用是人发挥主观能动性作用于油气资源为对象的客观世界的劳动物化,这个劳动物化过程及其背后客观社会关系及结构的总和便是油气企业人才劳动价值的本源。

（二）油气人才创新与价值形成过程

知识社会环境下的科技创新包括知识创新、技术创新和现代科技引领的管理创新,知识创新的核心是科学研究,为人类认识世界和改造世界提供新的世界观和方法论;技术创新的核心是技术发明创造,推动科学技术进步与社会生产力水平提高、促进经济增长;管理创新的核心是科技引领的管理变革,直接结果是激发人们的创造性和积极性、促使社会资源合理配置、推动社会进步。三者相辅相成,无论是技术创新还是管理创新,都要以知识创新的理论学说和公理体系为基础。油气科技创新是驱动油气产业高质量发展的主要动力之一,是一项涵盖油气科技成果研发、科技成果转化应用等核心业务的巨系统工程，包含创造和应用新知识和新技术、新工艺、采用新的生产方式和经营管理模式、开发新产品、提高产品质量、提供新服务的过程。油气科技创新人才在这个过程中扮演了重要的创新主体作用，通过技术创新与管理创新协同并促进成果产出和应用于油气企业生产运行，实现人才强企战略目标。油气人才创新与价值形成过程如图 5-2 所示。

(三) 油气人才创新与价值创造特征

1. 具有生命周期性与阶段性

生命周期性。生命周期评价是一种用于评估产品在其整个生命周期（即从原材料的获取、产品的生产直至产品使用后的处置）中对环境影响的技术和方法。从生命周期性视角看待人才创新问题，是因为油气企业的人才创新是围绕油气勘探开发、储运、销售利用全产业链涉及的项目全生命周期开展的，比如，仅仅是完整的油气勘探开发项目从地质勘探、物化探、钻完井、油气藏工程、采油气工程、地面工程等业务链，每个项目业务都涉及生产要素的投入，包括劳动要素中最为重要的人才要素。尤为值得重视的是油气藏发现是长期波浪式勘探的产物，油气开发也需要持续不断地进行开发作业，实现产能建设目标、稳产、防止快速递减等，这都涉及人才要素的持续投入。由于生产全要素投入在全生命周期内都有贡献，并且贡献值随着不同阶段变化而变化。立足人才要素在油气生产运营全生命周期中持续贡献的客观实际，人才创新在油气生产运营不同项目周期内都存在不同程度的作用。

第五章 油气科技创新人才价值溯源分成评估

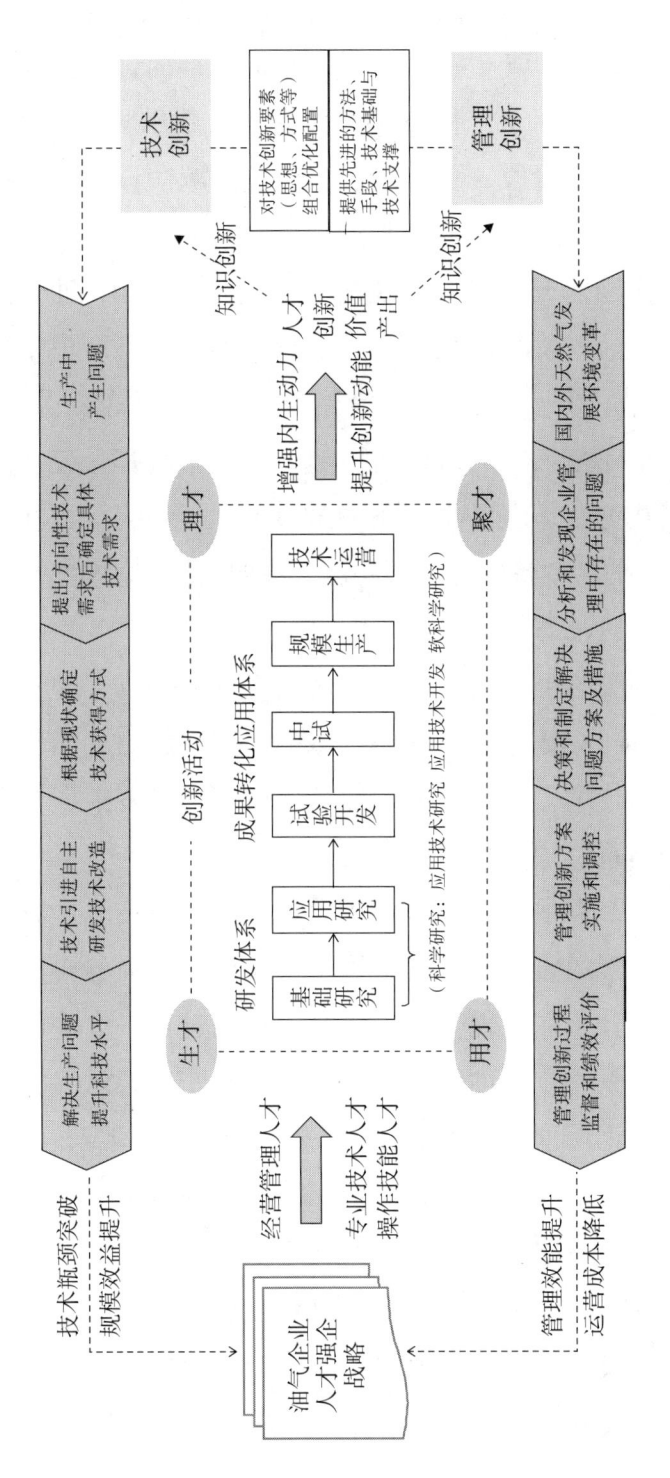

图 5-2 油气人才创新与价值形成过程示意图

阶段性。一个油气藏在整个开发生命周期内，按其油气产量曲线（也叫采油气动态变化曲线）可将油气藏开发划分为四个阶段，即：投产建设阶段、稳产阶段、产量递减阶段、低压小产阶段；或者分为三个时期，即开采初期、开采中期、开采后期。油气技术创效在勘探或开发早中晚期差别很大。例如，油气勘探阶段是不能实现油气价值，只有到开发阶段形成商品产量销售，才实现投资回报。因此，在不同生命周期需要的人才创新劳动对象、幅度、程度是完全不同的，即需要的工艺技术流程、装备产品工具、管理模式方法等都不相同，这种不同也决定了不同的阶段，人才创新产生的劳动价值是不同的，具有明显的阶段性。

2. 具有协同性与级序性

协同性。所谓协同就是指协调两个或者两个以上的不同资源或者个体，协同一致地完成某一目标的过程或能力。油气行业是资本密集型和技术密集型行业，油气增储增产是全生产要素协同作用和技术体系协同创效的结果，因此，任一生产要素都具有不同程度的贡献，在油气企业效益评价中，资本、技术、管理、劳动等全生产要素的贡献都不能忽视。人才作为劳动各要素中最为重要的组成部分，在实现油气资源开发利用过程中，是创新的主体，发挥了积极的技术创新和管理创新协同作用。油气勘探开发专业具有多样性，即极少部分的单一型科技成果只涉及一个专业，大部分科技成果属于复合创新驱动，一般都要涉及两个或两个以上的专业及相关人才支持，一些大型综合性科技成果甚至涉及全部技术级序和更加复杂的人才队伍支持。

级序性。按照谱系学的理论来思考，无论是精神谱系还是技术谱系，都是有级序的，具有严密的层级性，对人才而言也一样。

油气企业经营管理队伍、专业技术人才队伍、操作技能人才队伍中都有相应的级序，与人才能力大小、创新贡献度存在比不等的正相关关系。但是总体而言，自上而下的级序中，总体创效贡献处于递减状态，上级人才梯队创新产生的价值应当大于次级人才梯队。横向上，因应用业务对象、阶段、与其他人才的组合方式等，会造成不同的创新价值贡献结果。

3. 具有依附性与延时性

依附性。根据劳动创造价值理论，人的活劳动不能脱离物质和能量独立存在，需要依附一定的载体才能有产生价值的空间，也就是劳动对象，而且，同一个人才可以依附不同的载体、面向不同的劳动对象，即在不同的平台或岗位上实现价值创造。油气资源、勘探开发业务流程和油气产品等载体，都可成为人才价值创造的对象。但是，同一个人才，在不同的领域（管理岗位、技术岗位、操作岗位）上，其基础功能价值和创效能力差别可能较大，因此，必须对人才做个人价值判断、与个人职业生涯规划紧密结合，才能为人才更好发挥作用、创造更大价值提供最适宜的岗位。

延时性。人才要素投入产出具有延时性，人才的投入从一个人出生就开始。各种家庭资源、社会资源、企业资源的全方位投入，从小开始接受的教育经历、社会实践经历、进入工作岗位后的实习培训、岗位锻炼、再学习等，都是不同时期对人才的投入，这些投入并不具备立竿见影的效果，但都为人才后续成长至具备创新能力和价值创造输出提供了源泉。延时性最明显的表征，就是收益不在当下，需要时间沉淀与实践检验，尤其是对于从事油气基础研究的人才而言，需要的大量的前期投入造就的高素质高学历研发人才来从事这项工作，但从事这项工作后可能需要五年、十年甚至更长的时间年限来产出价值。这就好比在油气资源深埋地层深处，需要等到油气开发并销售利用后，才能实现油气资源的商品化利用与市场化价值确认。

4. 油气科技创效的多维性与间接性

多维性。人才创新与价值创造可以表现在油气企业技术、管理各个方面，因此，理论上可以考虑直接效益、间接效益、预期经济效益、社会效益、环境效益、安全效益、市场效益以及近期效益与长远效益等多个维度。

间接性。人才价值分割的间接性，人才创新创效无论属于直接经济效益，还是间接经济效益都需要在通过各种方式确定效益质量的前提下，经过技术收益分成或分割方式才能确定，即在确定效益质量方式方面的间接性。由于价值分割的间接性，形成多种收益分割技术和数学模型，其主要参数指标赋权也只能采用间接方式确定，导致效益计算的间接性。

(四) 油气科技创新人才价值表现形式

立足知识社会环境下的科技创新成果，主要表现为两类，一是技术创新成果，二是管理创新成果。

1. 技术创新成果

技术创新成果是具有实用价值的技术要素。根据《完善科技成果评价机制的指导意见》(国办发〔2021〕26号)，技术创新成果主要包括新理论、新知识、新技术、新材料、新工艺、新产品、新设备样机性能等。对油气企业而言，技术创新成果以应用为导向，主要包括：应用技术开发成果和应用技术研究成果。

应用技术开发成果主要指为提高油气企业生产力水平而进行的技术开发、后续试验和应用推广所产生的具有实用价值的新技术、新工艺、新材料、新设计、新产品及技术标准等，包括可以独立应用的阶段性研究成果和引进技术、设备的消化、装备和改造、吸收再创新的成果。

应用技术研究成果主要指为增强国际竞争力，提高油气企业自主研发水平，而进行的应用科学理论、研究方法、技术原理、应用技术基础实验（试验）等，包括基础研究成果和引进高新技术、基础设备的消化、吸收再创新的应用科学技术研究成果。应用技术基础成果的作用不仅表现为成果的学术价值，更主要表现为对应用技术开发过程的指导作用。

2. 管理创新成果

管理创新成果是指为决策科学化和管理现代化而进行的有关发展战略、政策、规划、评价、预测、科技立法以及管理科学与政策科学的研究成果。管理创新成果应具有创造性，对国民经济发展及国家、部门、地区和油气企业的决策和实际工作具有指导意义。管理创新成果的主要类型包括软科学研究成果和管理实践成果，软科学研究成果包括软科学研究报告、著作、论文、技术秘密、标准等，是根据软科学项目研究形成的直接成果体现；管理实践成果包括管理方法、管理技术、管理模式、管理措施等，都是根据企业发展环境和经营管理需要，将软科学研究成果应用于管理创新活动实践后，不断总结提炼形成的，是软科学研究成果的二次或多次创新效果的展现。

第二节　油气科技创新人才价值溯源分成评估模型构建

一、模型构建思路与原则

（一）基本思路

随着国家创新驱动发展战略的提出，创新成果激励制度尤其是科技创新成果激励也备受关注，国家和各地方就科技成果转化激励制度制订、修改了大量的政策法规。例如：2015年《中共中央、国务院关于深化体制机制改革加快实施创新驱动发展战略的若干意见》明确提出"完善成果转化激励政策"，新《促进科技成果转化法》的修订等。这些政策为国内科研院所、企业、高校等加快科技创新与成果转化提供了良好的政策氛围与法律保障。依据《中华人民共和国促进科技成果转化法》若干规定的通知（国发〔2016〕16号）和《国有科技型企业股权和分红激励暂行办法》（财资〔2016〕4号），技术权益都大于50%。主要体现在五个方面：（1）下放科技成果转化处置权，科研单位对其持有的科技成果，可以自主决定转让、许可或者作价投资；（2）科技成果收益留归科研单位，在对成果完成、成果转化作出重要贡献的人员给予奖励和报酬后，收益主要用于科技研发与成果转化等相关工作；（3）大幅提高对科研人员奖励比例，对科研人员奖励和报酬的最低标准，由现行法律不低于转化收益的20%提高至50%；（4）分类改革，实施股权和分红激励，推动形成体现增加知识价值的收入分配机制，加快科技成果转化，激发科研院所活力；(5)进一步强化企业在成果转化过程中的主体地位。

长期以来，要素参与收入分配是一项探索性工作，是一项带有方向性的系统工程，需要完善成果转化和经济价值分配，努力构建和形成企业间合理高效的要素创新创效转移机制，激励和支持自主创新成果转化。运用多种方式，推动企业灵活采用年薪制、人才协议工资制、项目工资制、制等鼓励创新的分配形式，推进创新和产权制度的结合、创新和资本市场的结合，实现收入激励方式多元化。

分配方式的选择很大程度取决于绩效评价体系的科学性和合理性。在评价指标设计中，要突出人才创新工作的长期性、人才创新对企业自主创新、核心技术的贡献。结合人才创激励目标，将薪酬体系设计为包含了职位工资、绩效工资、工龄工资以及奖金等。

油气企业创新成果激励体系设计，要遵循内部公平和效率优先相结合的基本原则，同时要兼顾外部竞争性。通过丰富激励方式，构建"基本工资+绩效工资+科技成果经济价值分配收益"的人才创新三元薪酬结构，整体提升创新人才的收入水平。根据重点研究领域、重点学科和发展方向人才供求情况，从分配制度上进一步向创新一线、科技创新与管理创新关键岗位、创新业务骨干等倾斜。

总之，根据油气产业发展战略要求，针对油气产业链各企业背景和不同发展阶段的需求，采用不同的利润分成额度、方式和形式，达到一个良性循环改进、可持续优化的分享策略。(1)确定可分享激励总额。(2)确定分享对象，油气企业可根据实际情况确定所要激励的对象，主要激励科技突出贡献者或优秀人才。（3）确定激励对象的绩效评估体系。（4）选择分配方式，油气企业可根据自己的情况选择不同的利润方式分享，目前多以不同种类的现金发放、延期有条件兑现等方式。（5）确定利润分享方案，通过上述的系列诊断与选择，明确制定利润分配制度，作为确保有效实施的条件，包括确定激励对象、总额度、分配依据、个体额度、兑现条件等。（6）实施方案。（7）评估方案，通过评估对方案进行适当改进，以更有效地达到激励效果，保证方案的可行性。

（二）主要原则

1. 生产要素主体地位平等原则

生产要素主体地位平等原则是生产要素投入创造效益，作为价值分配的主体，其地位是平等的，这也是坚持生产要素科学合理分配收益的前提。

2. 注重要素对收益贡献与利益均衡原则

油气产业生产要素价值分配要在保证效率的前提下做到公平，没有公平就会挫伤资本要素所有者的积极性，不利于油气产业链价值创造活动的顺利进行，在价值分配中应当均衡分享生产要素的贡献与利益。

3. 力求方法简单与可操作性原则

在经济价值分配模型建立中，评估指标在保证系统性和完整性的前提下，要尽可能地简洁，尽可能地减少指标数量，避免繁杂。根据油气产业链工程项目业务流程实际，依据经典理论方法，充分依据国家和油气行业规范，实现要素的级序特征指标统计标准化或规范化，从而能够较为科学地、合理地评价油气产业链创新成果的经济价值贡献,为创新成果经济价值评估提供科学、准确、有效的数据。

4. 公平分配原则

油气企业增量收益是所有参与方投入一定的资金、人力、技术资源共同努力的成果。每一个参与企业,无论规模大小、实力强弱,都有权利获得属于自己的权益。在分配收益时,应充分考虑各个企业的投入情况,采取公平合理的方式。不仅要把"蛋糕做大",还要把"蛋糕分好",确保所有参与方都有利可图,促进相互信任和供应链整体的长期高效、稳定。

二、物理结构模型

(一) 生产要素收益递进分成结构

立足收益分成法和利润分成法,在油气科技创新价值分享理论基础上,目前较为成熟的,是针对技术要素和管理要素开发形成的收益分成法,即油气科技创新成果收益递进分成法和油气管理创新成果收益递进分成法。

油气科技创新成果收益递进分成法,是以区块油气勘探开发获得的增量效益为对象,按照分享理论和要素分配原理,从油气生产四要素(资本、管理、劳动、技术)中剥离出整体油气勘探开发技术要素的贡献,再依据技术体系的级序结构进行逐级分成,并依据创新性技术创效强度系数,最终确定勘探开发技术创新成果分成净值,从而实现对单一油气技术创新成果的经济价值量化。油气科技创新成果收益递进分成是实现从总体技术要素到单项科技创新成果收益分成的关键路径。

油气管理创新成果收益递进分成法,是以油气管理创新成果应用产生的增量经济效益为对象，按照要素分配原理和管理会计视角，采用管理创新成果收益分成率从项目收益净值中分割出管理创新成果收益。其中，最关键是确定三大分成率（经营与生产经营管理要素收益分成基数、管理要素收益递进分成基数、管理成果创新强度系数）。

（二）方法内涵与结构设计

科技创新人才价值溯源分成，是在创新成果经济价值（收益）递进分成评估基础上，对参与成果（技术创新成果、管理创新成果）创新的团队和个人进行价值创造溯源，并按照个人价值贡献进行价值分享的方法。

根据生产要素分配理论、油气科技创新价值分享理论、国内外利润分享法的经验、创新成果经济价值分成的主控因素等，结合科技创新人才价值溯源分成内涵，设计科技创新人才价值溯源分成结构模型，如图5-3所示。

根据科技创新人才价值溯源分成评估概念模型，要实现对单一人才在创新成果中具体价值贡献的溯源，必须以创新成果经济价值溯源评估结果为基础。因此，需要通过两次溯源来实现。

第一次溯源：单项油气科技创新成果经济价值溯源。通过对技术要素/管理要素在总体经济效益中的比例计算、以创新点为基础追溯科技创新成果在要素谱系中价值指数追溯、成果创新度计算等三次计算实现。

第二次溯源：创新成果完成人价值溯源。通过对参与成果创新的团队和个人价值追溯与贡献率确定来实现。

综上，建立油气科技创新人才价值溯源分成评估模型，如图5-4所示。

第五章 油气科技创新人才价值溯源分成评估

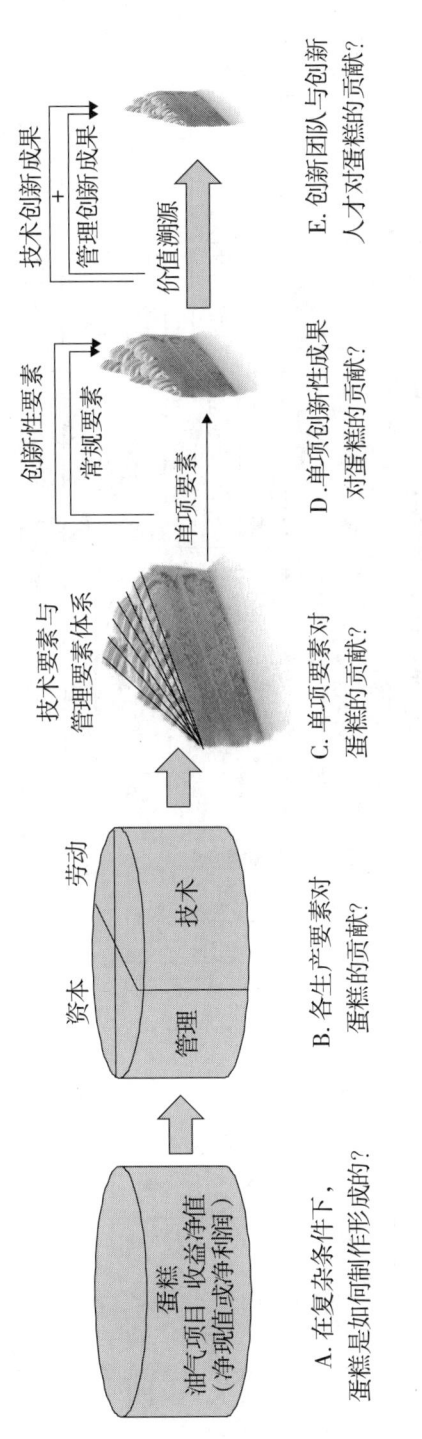

图 5-3 科技创新人才价值溯源分成评估概念模型

A. 在复杂条件下，蛋糕是如何制作形成的？
B. 各生产要素对蛋糕的贡献？
C. 单项要素对蛋糕的贡献？
D. 单项创新性成果对蛋糕的贡献？
E. 创新团队与创新人才对蛋糕的贡献？

147

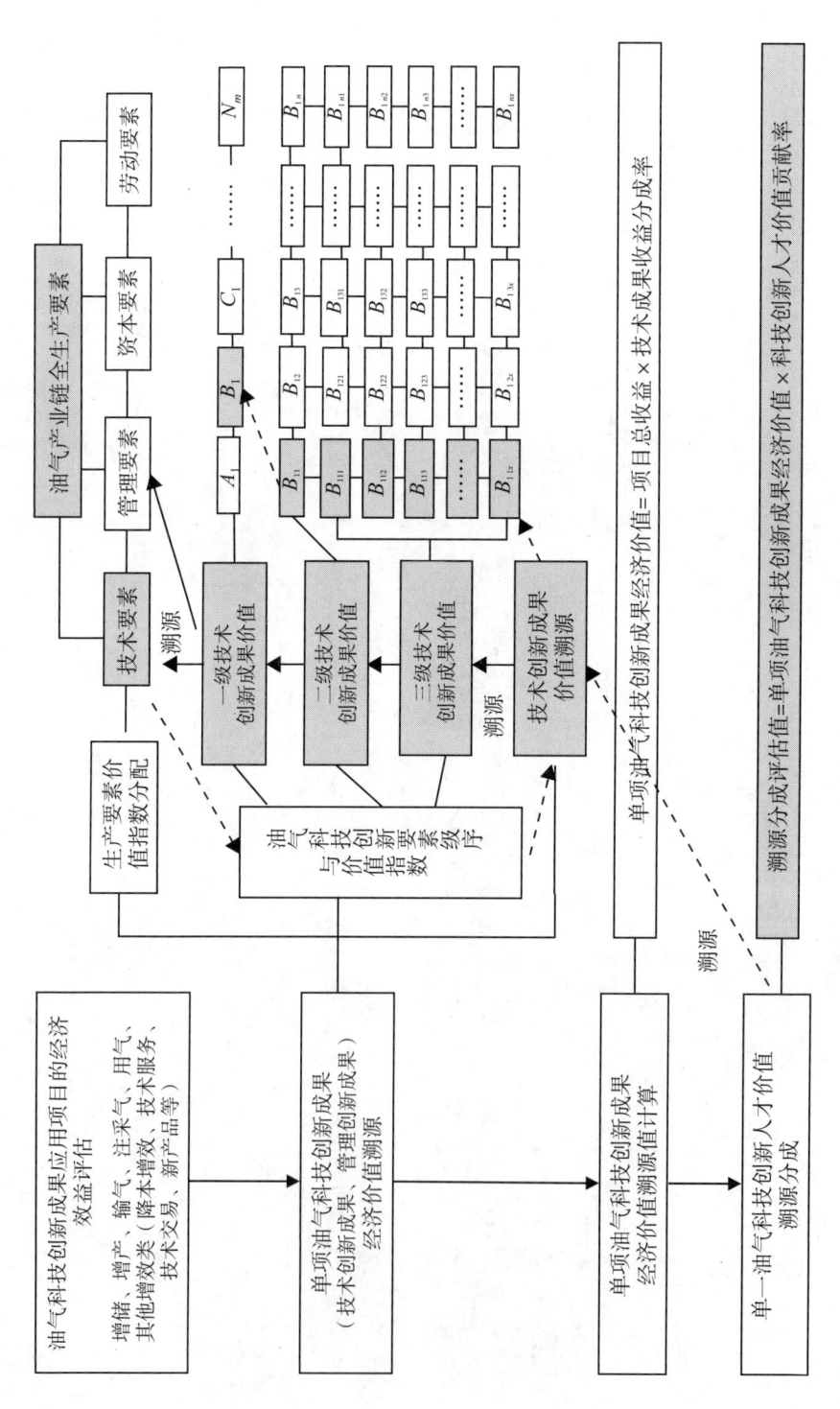

图 5-4 油气科技创新人才价值溯源分成评估模型图

根据评估模型图，对油气科技创新人才价值溯源分成的关键是以贡献导向的技术级序分配系数测算。首先，在油气产业链技术要素谱系/管理要素技术谱系中，对创新成果的创新点逐一进行溯源分析，以产业链主体工程业务的层级相关性，溯源创新成果创新点在工程、业务、作业技术谱系中的基础位置；其次，溯源提取每个创新点的上一级序技术要素的价值指数，计算出技术级序分配系数；最后，在计算出单项油气科技创新成果经济价值后，以要立足创新点为基础，对单一人才在创新点中的价值贡献进行分析与权益调整分配，如图5-5所示。

三、评估数学模型

根据油气科技创新人才价值溯源分成方法内涵与结构模型，技术创新人才，以技术创新成果为主，在单一技术创新成果收益递进分成结果中进行价值回溯与价值分享；管理创新人才，以管理创新成果为主，在单一管理创新成果收益递进分成结果中进行价值回溯与价值分享。因此，计算公式为：

$$W = Q \times F \quad (5-1)$$

$$F = F_1 + F_2 + F_3 \quad (5-2)$$

式中：W——油气科技创新人才价值溯源评估值；

Q——单项油气科技创新成果经济价值；

F——科技创新人才价值贡献率；

F_1——完成人参与度；

F_2——完成人创新度；

F_3——完成人贡献度。

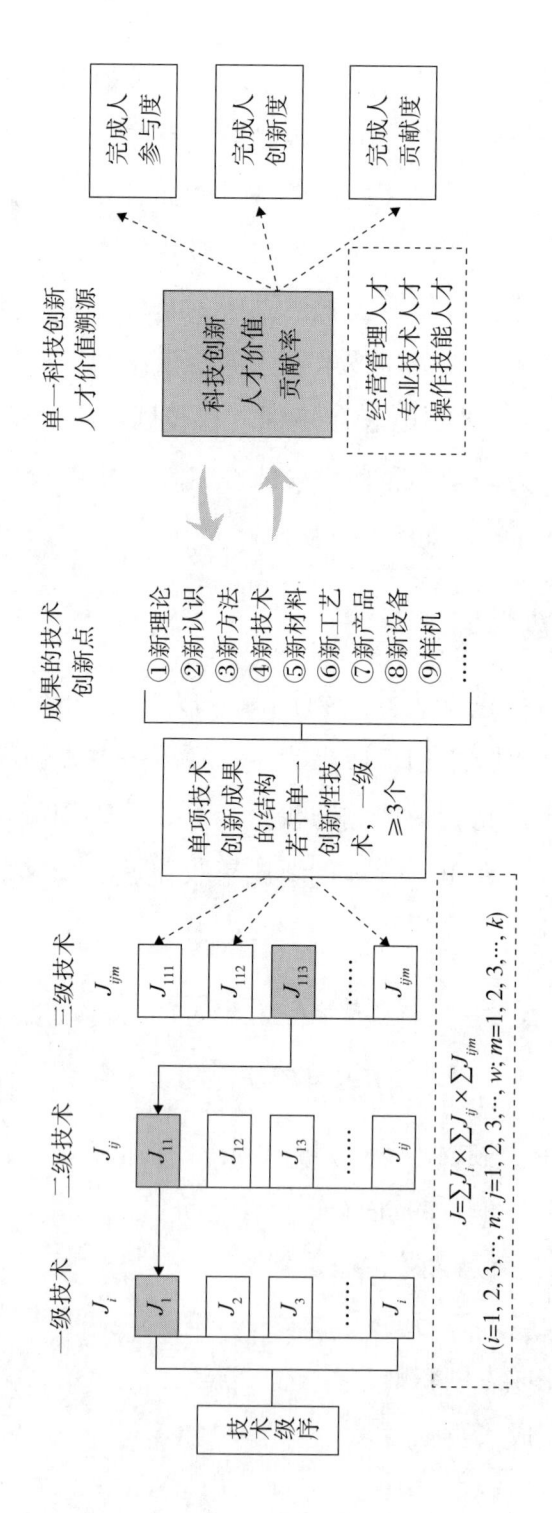

图 5-5 以创新点为导向的油气科技创新人才价值溯源分配机制图

第三节 指标体系与参数选设

一、单项油气科技创新成果经济价值

按照当前创新成果分类和经济价值评估研究进展，可分为技术创新成果经济价值和管理创新成果经济价值。

（一）技术创新成果经济价值（Q_j）

根据《石油天然气勘探开发科技成果的经济价值评估方法》（SY/T 7789—2024）和《天然气科技成果经济价值评估方法》（Q/SY XN 0730—2024），可以对石油天然气增储类、增产类、输气类、储气类、用气类及其他可用货币衡量的增效类技术创新成果取得的经济效益进行科学评估。

技术创新成果经济价值为该成果应用区块项目总收益（增储净现值、增储净利润、其他增效等）的总和与技术成果收益分成率之积。即单项油气技术创新成果经济价值＝项目总收益×技术创新成果收益分成率＝项目总收益×（技术要素收益分成系数×技术收益递进分成系数×技术创新强度系数）。此处以油气增储科技成果经济效益为例说明：

计算公式如下：

$$Q_j=\sum_{i=1}^{n} NPV_i \times K_R \qquad (5-3)$$

$$K_R=(K_{R1} \times K_{R2} \times K_{R3}) \times 100\% \qquad (5-4)$$

$$K_{R2}=\sum(D_i \times D_{ij}) \qquad (5-5)$$

式中：Q_j——增储科技成果经济效益，万元；

n——区块个数；

NPV_i——第 i 区块增储净现值，万元；

K_R——增储科技成果经济效益分成率，%；

K_{R1}——增储技术要素分成系数，按照不同油气藏类型及技术难度进行参数取值；

K_{R2}——增储技术递进分成系数，根据勘探技术体系级序结构进行逐级分成，确定各级分成系数，以体现本项技术贡献占同级技术的比重；

K_{R3}——增储技术成果创新强度系数，按照增储技术成果创新强度系数自评表取值，但需要提供选择依据；对于已有专家鉴定结果的，按照"科技进步奖评分指标"专家打分扣除第五项"经济或社会效益"得分，除以 0.75 得到结果；

D_i——第 i 项一级技术系列的分成系数，一级技术分成系数合计为 1；

D_{ij}——第 i 项一级技术中第 j 项二级技术的分成系数，每个一级技术下的二级技术分成系数合计为 1。

（二）管理创新成果经济价值评估（Q_g）

根据专著《天然气产业企业管理创新成果价值评估》的最新研究成果，可以实现对生产管理成果与经营管理成果经济价值的合理评估。

管理创新成果收益净值等于项目收益净值与管理创新成果收益分成率之积。

$$Q_g = E_g F_g = \sum_{i=1}^{n} E_{gi} F_g \tag{5-6}$$

第五章　油气科技创新人才价值溯源分成评估

$$F_g = B_g W_g H_g \quad (5-7)$$

$$W_g = \sum_{i=1}^{n}\left(W_{1i}\sum_{j=1}^{m}W_{2ij}W_{3ijk}\right) \quad (5-8)$$

$$E_g = \sum_{i=1}^{n} E_{gi} \quad (5-9)$$

$$F_g = F_{gs} + F_{gj} \quad (5-10)$$

$$B_g = B_{gs} + B_{gj} \quad (5-11)$$

$$W_g = W_{gs} + W_{gj} \quad (5-12)$$

式中：Q_g——单项管理创新成果收益分成净值；

E_g——与管理创新密切相关的项目收益净值；

F_g——管理创新成果收益分成率；

F_{gs}——生产管理创新成果收益分成率；

F_{gj}——经营管理创新成果收益分成率；

B_g——管理要素收益分成基准值；

B_{gs}——生产管理要素收益分成基准值；

B_{gj}——经营管理要素收益分成基准值；

W_g——管理要素收益递进分成基数；

W_{gs}——生产管理要素递进分成基数；

W_{gj}——经营管理要素递进分成基数；

W_{1i}——一级管理要素收益分成基数；

W_{2i}——二级管理要素收益分成基数；

W_{3i}——三级管理要素收益分成基数；

H_g——管理成果创新强度系数。

若仅考虑总体生产管理或总体经营管理创新成果收益，不涉及管理要素递进分成基数，则：$W_g=W_{gs}=W_{gj}=1$。

二、科技创新人才价值贡献率

（一）科技创新人才价值贡献率的指标体系

由于油气生产需求与创新需求、生产成果与创新成果具有高度关联性与融合性，因此，对科技创新人才价值贡献溯源中引入的完成人，是针对创新成果为对象的一个特定概念。以经营管理人才、专业技术人才、操作技能人才等人才队伍中创新性人才为主，具体包含成果创造涉及的相关人员，比如成果研发中的项目成员、成果集成创新或二次创新中包含的成员，或对成果产出有实质性支持和贡献的相关人员。

基于油气科技创新人才价值溯源分成评估模型和以创新点为导向的价值溯源分配机制，结合评估数学模型，通过大量专家咨询，综合构建适应于油公司科技创新人才价值溯源分成评估需要的科技创新人才价值贡献率指标体系，如图5-6所示。

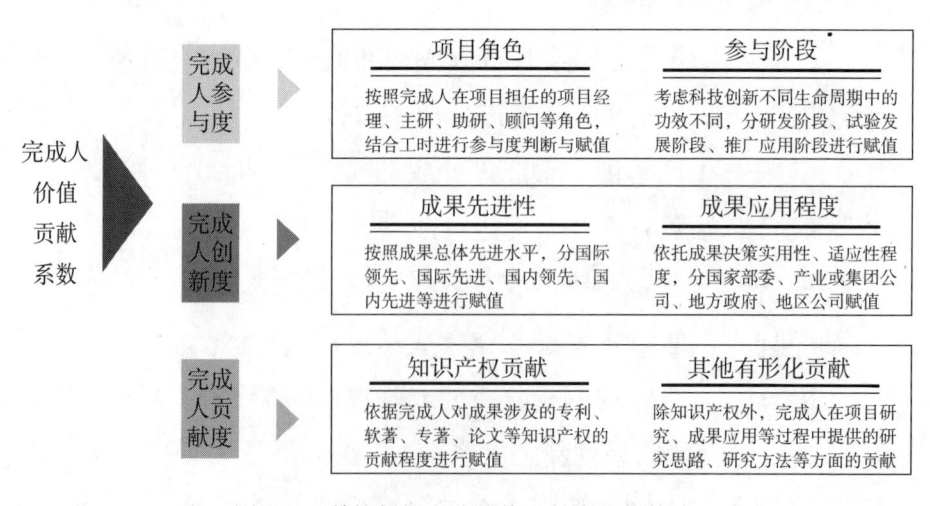

图5-6 科技创新人才价值贡献率指标体系

1. 参数一：完成人参与度（F_1）

完成人参与度，是指创新人才在创新成果创造与形成过程中的参与程度。根据公司当前科研项目管理和创新成果生命周期实际，以项目角色和参与阶段两个参数具体表征。

两个评价要点：

（1）项目角色——根据科研项目管理实际，完成人在项目中担任角色中，通常是项目经理角色最为重要，对研究技术路线、核心技术攻关、项目组织管理等负有第一责任，因此应当赋予较高权重；主研中人数相对较多，可能存在一人在多个项目中分饰多个主研角色的情况，因此，需要结合当前的工时统计，进行合理劈分；助研权重确定与主研类似；项目顾问主要针对非项目成员，但在项目研究过程中提供了重要支撑，为成果研发和创造提供了实质性支持的人员，根据实际情况进行评价。

（2）参与阶段——技术创新是一个始于研究开发并需通过在市场应用中实现价值的过程，最终目的是技术的商业化运用以实现创效，即要求首次开发的技术成果在企业中顺利实现转化，为企业取得创新效益。结合前人有关创新过程的研究，按时间发展的逻辑顺序所表现的技术创新过程，大致可以划分为研发阶段、试验发展阶段、推广应用阶段三个阶段，具体创新过程按照时间先后的逻辑关系包括应用基础研究、应用开发研究、试验开发、企业推广应用、规模化生产和技术运营等环节。总体而言，研发阶段是原始创新和自主创新的基础性阶段，因此权重相对应当更大。

2. 参数二：完成人创新度（F_2）

完成人创新度，是指创新成果的创新创造水平，通过对先进程度和创新程度的计量，更加合理量化人才的创新价值。

两个评价要点：

（1）成果先进性——按照成果总体先进水平，分国际领先、国际先进、国内领先、国内先进等进行赋值。成果先进性指与国内外领先技术相比其总体技术水平、主要技术（性能、性状、工艺参数等）、经济（投入产出比、性能价格比、成本、规模等）、环境、生态等指标所处的位置。用于反映该技术成果与同行业领先的技术相比较达到国际、国内或企业何种水平。也包括解决该领域的技术难题或行业的热点问题的情况，与同行业相比较达到国际、国内或企业何种水平。因此，通过综合比较分析后，得出成果总体先进水平，国际领先是创新度追求的最高标准，因此权重应当适度增加，其次按照国际先进、国内领先与国内先进的顺序进行赋值。

（2）成果应用程度——创新成果应用分为直接应用和间接应用，直接应用包括科技人员自己创办企业、高校或科研机构与企业开展合作或合同研究、高校或研究机构与企业开展人才交流、高校或科研院所与企业沟通交流的网络平台；间接应用主要是通过各类中介机构来开展的，机构类型和活动方式多种多样，在体制上有官办的、民办的，也有官民合办的，在功能上有大型多功能的机构（如既充当科技中介机构，又从事具体项目的开发等）也有小型单一功能的组织，主要方式有三种：一是通过专门机构实施科技成果转化，二是通过高校设立的科技成果转化机构实施转化，三是通过科技咨询公司开展科技成果转化活动。就公司而言，创新活动紧密围绕生产需求开展，创新成果和生产成果融于一体，难以分离，因此，对成果应用程度的评价，主要依托成果决策实用性、适应性程度，分国家部委、产业或集团公司、地方政府、地区公司赋值。

3. 参数三：完成人贡献度（F_3）

完成人贡献度，是衡量具体的人才创新产出对成果创造的实际价值，以知识产权贡献和其他有形化贡献进行表征。

两个评价要点：

（1）知识产权贡献——知识产权是关于人类在社会实践中创造的智力劳动成果的专有权利，如各种智力创造比如发明、外观设计、文学和艺术作品以及在商业中使用的标志、名称、图像等。按照当前油气科技管理对于知识产权的相关要求，依据完成人对成果涉及的专利、软著、专著、论文等知识产权的贡献程度进行赋值。

（2）其他有形化贡献——除知识产权外，完成人在项目研究、成果应用等过程中提供的研究思路、研究方法等方面的贡献，可以通过研究报告、原理性模型、具有新颖性的产品原型、原始样机及装置等形式进行具体评判。

（二）科技创新人才价值贡献率赋权

1. 赋权方法

（1）德尔菲法。

德尔菲法也称专家调查法，该方法由美国兰德公司创始实行。由企业组成一个专门的预测机构，其中包括若干专家和企业预测组织者，按照规定的程序，背靠背地征询专家对未来市场的意见或者判断，然后进行预测的方法。该方法简单易于操作，但受主观因素影响，对评价对象的判断容易产生误差。

（2）层次分析法。

层次分析法是将与决策总是有关的元素分解成目标、准则、方案等层次，在此基础之上进行定性和定量分析的决策方法，该方法多用于权重的计算。层次分析法虽然也依赖于决策者的知识、经验和价值判断，但对各指标之间重要程度的判断更具逻辑性，从而减低了主观影响因素。主要步骤如下：(1) 确定判定矩阵：对各个维度中指标体系的关联因素进行两两比较评判，给出定量结果并组成判断矩阵，计算出各个关联因素相对重要的权重。(2) 确定权重的最大特征向量和特征根：将矩阵的每一行 n 个元素相乘再开 n 次方，再将得出的向量作归一化处理，即算出每个指标的特征向量。(3) 一致性检验：权重计算完后对每个判断矩阵进行一致性检验，以保证所得权重合理且正确。

(3) 模糊综合分析法。

模糊综合分析法是一种基于模糊数学的综合评价方法。该综合评价法根据模糊数学的隶属度理论把定性评价转化为定量评价，即用模糊数学对受到多种因素制约的事物或对象做出一个总体的评价。它具有结果清晰、系统性强的特点，能较好地解决模糊的、难以量化的问题，适合各种非确定性问题的解决。

(4) 综合评价法。

综合评价法，是指运用多个指标对多个参评单位进行评价的方法，其基本思想是将多个指标转化为一个能够反映综合情况的指标来进行评价，现代综合评价方法包括主成分分析法、数据包络分析法、模糊评价法等。该方法较其他方法具有优势但权重需要另外计算得出。

2. 指标体系赋权

根据指标体系含义、评价要点和评价等级，结合相关专家咨询意见，构建科技创新人才价值贡献率评估综合指标体系，见表5-1。

表 5-1　科技创新人才价值贡献率评估综合指标体系

一级指标	权重	二级指标	权重	三级指标	权重	调整系数	备注
完成人参与度（F_1）	25%	项目角色（F_{11}）	70%	项目经理（F_{111}）	40%		按照项目经理的贡献打分
				项目主研（F_{112}）	30%		在研究内容中的占比
				项目助研（F_{113}）	20%		在研究内容中的占比
				项目顾问（F_{114}）	10%		在研究内容中的占比
		参与阶段（F_{12}）	30%	研发阶段（F_{121}）	40%		在研发阶段的占比
				试验发展阶段（F_{122}）	30%		在试验发展阶段的占比
				实施阶段（F_{123}）	30%		在实施阶段的占比
完成人创新度（F_2）	35%	成果先进性（F_{21}）	80%	创新贡献大（F_{211}）	45%		对创新成果贡献的大小
				创新贡献较大（F_{212}）	30%		
				创新贡献一般（F_{213}）	20%		
				创新贡献小（F_{214}）	5%		
		对推广应用的贡献（F_{22}）	20%	推广应用贡献大（F_{221}）	45%		对成果推广应用贡献的大小
				推广应用贡献较大（F_{222}）	30%		
				推广应用贡献一般（F_{223}）	20%		
				推广应用小（F_{224}）	5%		

续表

一级指标	权重	二级指标	权重	三级指标	权重	调整系数	备注
完成人贡献度（F_3）	40%	知识产权贡献（F_{31}）	70%	专利（F_{311}）	30%		对专利贡献的占比
				软著（F_{312}）	25%		对软著贡献的占比
				专著（F_{313}）	25%		对专著贡献的占比
				论文（F_{314}）	20%		对论文贡献的占比
		其他有形化贡献（F_{32}）	30%	研究思路与方法指导（F_{321}）	25%		对研究思路与方法指导的贡献
				关键技术指导（F_{322}）	50%		对关键技术指导的贡献
				推广应用辅助（F_{323}）	25%		对推广应用辅助贡献

（三）科技创新人才价值贡献率测算

根据公式（5-2）：

科技创新人才价值贡献率（F）=完成人参与度（F_1）+完成人创新度（F_2）+完成人贡献度（F_3），且科技创新人才价值贡献率（F）为1。

结合表5-1的参数提取，计算公式如下：

$$F=\sum_{i=1}^{n}F_i \times \sum_{j=1}^{m}F_{ij} \times (F_{ijk} \times U_{ijk}) \qquad (5-13)$$

其中，U_{ijk}为多个项目完成人对同一个三级指标贡献的调整系数，其值小于等于1。

第四节 评估实证

一、基于技术创新成果的科技创新人才价值溯源分成评估实证

（一）技术创新成果简介

《低孔强水侵碳酸盐岩气藏整体治水开发关键技术与长期稳产》技术创新成果，属于油气增产类成果。主要创新点有：（1）创建了低幅构造低孔小尺度缝洞气藏气水关系及不同类型水侵通道精细描述技术，精准刻画微裂缝发育区，识别出9条水侵通道，明确了重点控水部位。（2）创建了低孔超压气藏非均匀水侵影响动态的精准化与智能快速化预报，完善了气水两相非稳态渗流理论，发展了非均匀水侵精细模拟预测方法，提前3个月预报非均匀水侵，实现全气藏实时高效优化配产及故障节点的智能定位。（3）创建了特大型低孔超压气藏递进式整体治水优化开发理论模式，丰富了复杂碳酸盐岩气藏开发理论体系，指导碳酸盐岩气藏控水高效开发。成果形成的低孔强水侵碳酸盐岩气藏整体治水开发关键技术，填补了该类气藏控水高效开发技术空白，推动了低孔强水侵碳酸盐岩气藏控水开发技术进步，对国内外低孔有水碳酸盐岩气藏控水高效开发具有极大的推广应用前景和重要的指导意义。

（二）技术创新成果经济价值计算

1. 增产净利润

（1）新增销售额。

某气田M组气藏2021年开发井年产气增量8.59亿立方米，

商品率 95.97%，新增商品天然气 8.24 亿立方米；2022 年开发井年产气增量 7.98 亿立方米，商品率 95.97%，商品天然气增量 7.66 亿立方米；2021—2022 年，M 组气藏开发井累计商品天然气增量 15.9 亿立方米（见表 5-2）。

表 5-2　经济效益测算参数取值信息

年度	2021	2022
气价（元/千立方米，不含税）	1275	1275
商品率（%）	95.97	95.97
增值税率（%）	9	9
城市维护建设税率（%）	7	7
教育费附加税率（%）	5	5
资源税率（%）	6	6
所得税率（%）	15	15

天然气销售价格 2021—2022 年采用实际出厂价格，天然气价格 1275 元/千立方米，2021 年增量销售额 105109 万元，2022 年增量销售额 97645 万元。2021—2022 年，M 组气藏累计新增销售额 202754 万元。

（2）完全成本。

成本费用包括操作成本、折旧折耗、管理费用、财务费用和销售费用、税金及附加。M 组气藏 2021 年增加的天然气生产完全成本 29507 万元，2022 年增加的天然气生产成本费 29454 万元，2021—2022 年，M 组气藏累计成本费用 58961 万元。

（3）新增税金。

税金包括资源税、城市维护建设税、教育费附加及所得税。

资源税按销售收入的6%计算；城市维护建设税、教育费附加分别按增值税的7%和5%计算；所得税按利润总额的15%计算（2020—2030年享受的优惠税率）。M组气藏上缴税金2021年12705万元，2022年11471万元，2021—2022年累计上缴税金24176万元。其中2021年所得税11340万元，2022年所得税10229万元，2021—2022年累计上缴所得税21569万元。

（4）增量净利润。

增量净利润为增量销售额减去生产成本和税金。M组气藏2021年增量净利润64261万元，2022年增量净利润57963万元，2021—2022年累计增量净利润122224万元（见表5-3）。

表5-3 某气田M组气藏（26口增产井）净利润测算表（单位：万元）

年份	营业收入	完全成本	所得税	净利润	利税
2021	105109	29507	11340	64261	76966
2022	97645	29454	10229	57963	69434
合计	202754	58961	21569	122224	146400

2.技术创新成果收益分成率计算

（1）技术要素收益分成系数。

M组气藏属于常规气藏，且已进入开发中期，根据增产技术要素分成系数建议表，增产技术要素分成系数按0.45计取（见表5-4）。

表5-4 增产技术要素分成系数建议表

应用领域		常规油气藏	稠油油气藏	高含硫油气藏	页岩油气藏	致密油气藏
技术要素分成系数	新区开发	0.45	0.45	0.45	0.45	0.45
	老区开发	0.40	0.40	0.40	0.40	0.40

（2）技术收益递进分成系数。

成果属于开发地质与气藏工程与钻采工程技术，创新点包括储层和水侵通道刻画、气水两相渗流规律研究、水侵动态预报、排水采气工艺技术、治水开发模式等等，技术成果支撑了 M 组气藏整体治水方案和开发调整方案编制。因此，成果涉及开发地质与气藏工程的开发地质、气藏工程、方案设计和优化部署以及钻采工程技术的采气工程部分。根据一级和二级开发技术分成系数建议表，增产技术递进分成系数 =0.35×（0.25+0.25+0.3+0.2）+0.35×0.2=0.42（见表 5-5）。

表 5-5　M 组气藏（26 口增产井）天然气开发一级、二级技术分成系数建议表

一级	技术名称	开发地质与气藏工程				钻采工程技术				天然气处理与输送技术				安全环保技术			
	分成系数	0.35				0.35				0.20				0.10			
二级	技术名称	开发地质	气藏工程	方案设计	优化部署	钻完井	气井增产	采气工程	井下作业	气井工程数字化	天然气处理	工程规划设计	天然气集输	装备与数字化	工艺安全	作业安全	设备安全	安全技术	环境保护与消防安全
	分成系数	0.25	0.25	0.30	0.20	0.35	0.20	0.20	0.15	0.10	0.35	0.15	0.35	0.15	0.25	0.20	0.20	0.20	0.15

（3）技术创新强度系数。

成果创建了小洞微缝储层和水侵优势通道精细刻画技术、数字仿真与物理实验相结合的气水两相渗流规律分析技术、强水侵

气藏开发实时智能整体治水关键技术和超压强水侵气藏的递进式高效控水开发模式。该成果为部分自主创新，按照创新技术分成贡献率取值参考表，取值为0.9（见表5-6）。

表5-6 技术创新强度系数自评表

名称	完全自主创新	部分自主创新	集成创新	集成应用
创新强度系数	0.91～1.0	0.81～0.9	0.71～0.8	0.50～0.70

（4）技术创新成果收益分成率。

技术创新成果收益分成率＝技术要素收益分成系数 × 技术收益递进分成系数 × 技术创新强度系数 =（0.45×0.42×0.9）×100%=17.01%。

3. 单项油气技术创新成果经济价值计算

单项油气科技创新成果经济价值＝项目总收益 × 技术创新成果收益分成率 =122224 × 17.01%=20790（万元）。

（三）科技创新人才价值贡献率计算

选取两位成果主要完成人，立足项目研究报告、成果总结报告中完成情况提取、项目工时分配等证明材料，对各自在技术创新过程中的工作量、价值贡献度进行追溯，综合考虑完成人指标数值提取。完成人（甲）进行了项目总体研究思路和方案设计，承担了"开发地质与气藏工程的开发地质、气藏工程、方案设计和优化部署"部分的研究工作，完成人（乙）开展了"钻采工程技术的采气工程部分"部分的研究工作。

根据各自在技术研发与成果应用中的作用贡献，填写并形成表5-7的参数。根据公式（5-13），计算可得：F（甲）=14.25%，F（乙）=4.032%。

表 5-7 完成人（甲）、完成人（乙）价值贡献率评估综合指标体系

完成人	一级指标	权重	二级指标	权重	三级指标	权重	调整系数	价值追溯形式
完成人（甲）	完成人参与度（F_1）	25%	项目角色（F_{11}）	70%	项目经理（F_{111}）	40%	50%	按照项目经理的贡献打分
			参与阶段（F_{12}）	30%	研发阶段（F_{121}）	40%	30%	在研发阶段的占比
	完成人创新度（F_2）	35%	成果先进性（F_{21}）	80%	创新贡献大（F_{211}）	45%	30%	对创新成果贡献的大小
			对推广应用的贡献（F_{22}）	20%	推广应用贡献大（F_{221}）	45%	30%	对成果推广应用贡献的大小
	完成人贡献度（F_3）	40%	知识产权贡献（F_{31}）	70%	软著（F_{312}）	25%	10%	对软著贡献的占比
					专著（F_{313}）	25%	30%	对专著贡献的占比
					论文（F_{314}）	20%	20%	对论文贡献的占比
			其他有形化贡献（F_{32}）	30%	研究思路与方法指导（F_{321}）	25%	40%	对研究思路与方法指导的贡献
完成人（乙）	完成人参与度（F_1）	25%	项目角色（F_{11}）	70%	项目主研（F_{112}）	30%	25%	在研究内容中的占比
			参与阶段（F_{12}）	30%	研发阶段（F_{121}）	40%	10%	在研发阶段的占比
					试验发展阶段（F_{122}）	30%	10%	在试验发展阶段的占比
					实施阶段（F_{123}）	30%	10%	在实施阶段的占比

续表

完成人	一级指标	权重	二级指标	权重	三级指标	权重	调整系数	价值追溯形式
完成人（乙）	完成人创新度（F_2）	35%	成果先进性（F_{21}）	80%	创新贡献较大（F_{212}）	30%	60%	对创新成果贡献的大小
			对推广应用的贡献（F_{22}）	20%	推广应用贡献一般（F_{223}）	20%	20%	对成果推广应用贡献的大小
	完成人贡献度（F_3）	40%	知识产权贡献（F_{31}）	70%	专著（F_{313}）	25%	20%	对专著贡献的占比
					论文（F_{314}）	20%	10%	对论文贡献的占比
			其他有形化贡献（F_{32}）	30%	推广应用辅助（F_{323}）	25%	20%	对推广应用辅助贡献

（四）科技创新人才价值溯源分成评估值计算

综上，在《低孔强水侵碳酸盐岩气藏整体治水开发关键技术与长期稳产》科技成果创造过程中，完成人甲和乙的价值贡献分别为：

完成人（甲）价值贡献 =20790×14.25%=2962.58（万元）；

完成人（乙）价值贡献 =20790×4.032%=838.53（万元）。

评估参数和评估值可以作为科技创新人才岗位价值评价、精准激励、非薪酬激励（评先选优、典型选树、职务职称提升、后备人才培养）等的参考依据。

二、基于管理创新成果的科技创新人才价值溯源分成评估实证

（一）管理创新成果简介

软科学研究成果《天然气产业绿色低碳发展研究与实践》，对天然气产业绿色低碳发展涉及的总体模式、主要机制及途径策略等一系列重大问题进行系统研究，成果对加快我国天然气产业绿色低碳、持续健康发展具有积极的指导和应用价值。该研究成果有六个方面的创新点：（1）基于可持续发展的天然气产业绿色低碳发展总体模式；（2）基于战略绩效耦合的以低碳发展为导向的天然气产业协调发展机制；（3）基于战略规划的保障清洁能源安全供应的天然气工业基地创建机制；（4）面向绿色发展的天然气产业绿色科技创新机制；（5）基于环境适应的天然气产业文化培育和管理机制；（6）基于可持续发展的天然气产业绿色低碳的绩效评价机制。

该成果推进川渝天然气产业绿色低碳发展，油气企业经济效益显著，对区域能源消费低碳转型、经济社会生态发展发挥积极作用。成果在国家相关部委、地方政府、集团公司和西南油气企业均得到采纳应用。

该研究成果总体处于国内同类研究领先水平。该成果集成了6项科研项目开展研究均获得局级一、二等奖，发表论文23篇，相关专著3部。

（二）管理创新成果经济价值计算

1. 净利润

该管理要素主要应用于西南地区天然气产业，提取项目应用期财务净现值为Q亿元。

2.管理创新成果收益分成率

（1）管理要素收益分成基准值。

该项目市场化管理、智能化管理、变革管理、基础管理等要素收益较高，收益分成基准值取26%。《天然气产业绿色低碳发展研究与实践》成果涉及天然气上中下游业务链，模式机制以及绩效评价方面，一级管理要素涉及勘探、开发、管道、储备、市场、科技、文化、和谐（协调）、QHSE等方面，二级管理要素主要涉及管理模式与机制、管理绩效评价方面，三级管理要素涉及管理创新机制、综合绩效评价方面。成果主体是经营管理，其次是生产管理，故经营管理分成基数为80%，生产管理分成基数为20%。

生产管理要素收益分成基准值：$B_{gs}=B_g\varPsi_s=26\%\times20\%=5.2\%$；

经营管理要素收益分成基准值：$B_{gj}=B_g\varPsi_j=26\%\times80\%=20.8\%$。

（2）管理要素收益递进分成基数。

根据成果创新点涉及相应的一级、二级、三级生产和经营管理收益分成基数，从表5-8和表5-9中提取收益分成基数值，代入公式（5-8）：

生产管理要素递进分成基数：$W_{gs}=\sum_{i=1}^{n}(W_{1i}W_{2i}W_{3i})$=15%×（20%×30%+10%×25%）+14%×（20%×30%+10%×25%）+10%×（20%×30%+10%×25%）+6%×（20%×30%+10%×25%）+8%×（20%×30%+10%×25%）=20%×（1.275%+1.19%+0.85%+0.51%+0.68%）=4.51%。

经营管理要素递进分成基数：$W_{gj}=\sum_{i=1}^{n}(W_{1i}W_{2i}W_{3i})$=13%×（20%×30%+10%×25%）+12%×（20%×30%+10%×25%）

+8%×(20%×30%+10%×25%)+10%×(20%×30%+10%×25%)
=1.15%+1.02%+0.68%+0.85%=3.66%。

表5-8 一级、二级、三级生产管理收益分成基数表

一级要素		二级要素		三级要素		备注
名称	分成基数（%）	名称	分成基数（%）	名称	分成基数（%）	创新点
勘探	15	勘探管理模式与机制	20	勘探管理创新机制	30	产业绿色低碳发展总体模式和工业基地创建机制
		勘探管理绩效评价	10	勘探综合绩效评价	25	
开发	14	开发管理模式与机制	20	开发管理创新机制	30	
		开发管理绩效评价	10	开发工作综合绩效评价	25	
管道	10	管道管理模式与机制	20	管道管理创新机制	30	
		管道管理绩效评价	10	管道工作综合绩效评价	25	
储备	6	储备管理模式与机制	20	储备管理创新机制	30	
		储备管理绩效评价	10	储备管理综合绩效评价	25	
QHSE	8	QHSE管理模式与机制	20	QHSE管理创新机制	30	绿色低碳发展机制
		QHSE管理绩效评价	10	QHSE管理综合绩效评价	25	

表 5-9 一级、二级、三级经营管理收益分成基数表

一级要素		二级要素		三级要素		备注
名称	分成基数（%）	名称	分成基数（%）	名称	分成基数（%）	创新点
市场	13	市场管理模式与机制	20	市场管理创新机制	30	产业绿色低碳发展模式和工业基地创建机制
		市场绩效评价	10	市场发展综合绩效评价	25	
科技	12	科技管理模式与机制	20	科技创效管理创新机制	30	绿色科技创新机制
		科技管理绩效考核与激励	10	科技管理综合绩效评价	25	
文化	8	文化管理模式与机制	20	文化创效管理创新机制	30	文化培育和管理机制
		文化管理绩效考核与激励	10	文化管理综合绩效评价	25	
和谐	10	和谐管理模式与机制	20	和谐管理创新机制	30	协调发展机制
		和谐管理绩效评价	10	和谐管理综合绩效评价	25	

（3）管理成果创新强度系数。

根据管理成果创新指标，提取管理成果创新强度指标值，代入公式计算：

$$H_g = \sum_{i=1}(H_i H_{ij} \in_{ij}) = 32.5\% + 16.5\% + 12.35\% = 61.35\%$$

（4）管理创新成果收益分成率计算。

管理创新成果收益分成率 $F_g = B_g W_g H_g = B_{gs} W_{gs} H_{gs} + B_{gj} W_{gj} H_{gj}$ = 5.2%×4.51%×61.35%+20.8%×3.66%×61.35%= 0.144%+0.467%= 0.611%。

3. 单项油气技术创新成果经济价值

该管理要素主要应用于西南地区天然气产业，项目应用期财务净现值为 Q 亿元，根据公式 $M_g=\sum_{i=1} E_g F_g =0.611\times 10^{-2}Q$ 亿元。因此，该成果净利润分成为 $0.611\times 10^{-2}Q$ 亿元。

（三）科技创新人才价值贡献率计算

完成人（甲）价值贡献系数测算

（1）对本项目技术创造性贡献。

完成项目总体研究思路和方案设计；完成创新点（2）"基于系统耦合的低碳发展为导向的天然气产业协调发展模式"的研究路线和方案设计。完成人（乙）完成创新点（1）"基于可持续发展的天然气产业绿色低碳发展总体模式"，以及创新点（4）"面向绿色发展的天然气产业绿色科技创新机制"的研究工作。

（2）科技创新人才价值贡献率。

根据公式 $F=\sum_{i=1}^{n}F_i \times \sum_{j=1}^{m}F_{ij} \times (F_{ijk} \times U_{ijk})$，结合表 5–10 的取值，可得 F（甲）=29.62%，F（乙）=4.032%。

表 5–10 完成人（甲）、完成人（乙）价值贡献综合指标体系

一级指标	权重	二级指标	权重	三级指标	权重	调整系数	备注
完成人参与度（F_1）	25%	项目角色（F_{11}）	70%	项目经理（F_{111}）	40%	80%	按照项目经理的贡献打分
		参与阶段（F_{12}）	30%	研发阶段（F_{121}）	40%	30%	在研发阶段的占比
				试验发展阶段（F_{122}）	30%	20%	在试验发展阶段的占比
				实施阶段（F_{123}）	30%	20%	在实施阶段的占比

第五章　油气科技创新人才价值溯源分成评估

续表

一级指标	权重	二级指标	权重	三级指标	权重	调整系数	备注
完成人创新度（F_2）	35%	成果先进性（F_{21}）	80%	创新贡献大（F_{211}）	45%	80%	对创新成果贡献的大小
		对推广应用的贡献（F_{22}）	20%	推广应用贡献大（F_{221}）	45%	80%	对成果推广应用贡献的大小
完成人贡献度（F_3）	40%	知识产权贡献（F_{31}）	70%	软著（F_{312}）	25%	10%	对软著贡献的占比
				专著（F_{313}）	25%	30%	对专著贡献的占比
				论文（F_{314}）	20%	20%	对论文贡献的占比
		其他有形化贡献（F_{32}）	30%	研究思路与方法指导（F_{321}）	25%	80%	对研究思路与方法指导的贡献
完成人参与度（F_1）	25%	项目角色（F_{11}）	70%	项目主研（F_{112}）	30%	25%	在研究内容中的占比
		参与阶段（F_{12}）	30%	研发阶段（F_{121}）	40%	10%	在研发阶段的占比
				试验发展阶段（F_{122}）	30%	10%	在试验发展阶段的占比
				实施阶段（F_{123}）	30%	10%	在实施阶段的占比
完成人创新度（F_2）	35%	成果先进性（F_{21}）	80%	创新贡献较大（F_{212}）	30%	60%	对创新成果贡献的大小
		对推广应用的贡献（F_{22}）	20%	推广应用贡献一般（F_{223}）	20%	20%	对成果推广应用贡献的大小

173

续表

一级指标	权重	二级指标	权重	三级指标	权重	调整系数	备注
完成人贡献度（F_3）	40%	知识产权贡献（F_{31}）	70%	专著（F_{313}）	25%	20%	对专著贡献的占比
				论文（F_{314}）	20%	10%	对论文贡献的占比
		其他有形化贡献（F_{32}）	30%	推广应用辅助（F_{323}）	25%	20%	对推广应用辅助贡献

（四）科技创新人才价值溯源分成评估值计算

综上，在《天然气产业绿色低碳发展研究与实践》集成创新和成果创造过程中，完成人（甲）和完成人（乙）的价值贡献分别为：

完成人（甲）价值贡献 $=0.611\times10^{-2}Q\times29.62\%=18.1\times10^{-4}Q$（亿元）；

完成人（乙）价值贡献 $=0.611\times10^{-2}Q\times4.032\%=2.46\times10^{-4}Q$（亿元）。

评估参数和评估值可以作为科技创新人才岗位价值评价、精准激励、非薪酬激励（评先选优、典型选树、职务职称提升、后备人才培养）等的参考依据。

第六章

油气企业人才强企战略管理实践成效
——以西南油气田为例

西南油气田坚持以习近平新时代中国特色社会主义思想为指导，深入学习贯彻党的二十大精神和习近平总书记关于干部人才工作的重要思想、重要论述，积极转变观念、主动探索创新，全方位贯彻落实中国石油关于人才强企推进和人才强企提升等相关要求，以油气企业人才强企战略管理模式与"生聚理用"管理机制为理论指导，以"七大人才专项工程"为引领，先后印发《关于组织做好"人才强企工程推进年"活动有关工作的通知》《关于组织做好"人才强企工程提升年"活动有关工作的通知》，有序实施人才强企工程建设，人才发展两大支柱体制作用发挥更加充分，三支人才队伍发展日益壮大，获评2023年中国石油"人才强企工程推进年活动先进单位"和首届人力资源管理大赛团体一等奖，为西南油气田高质量发展添足了"底气"，也为"十四五"中后期和"十五五"高质量发展打下了坚实"地基"。

第一节　党建引领人才保障作用充分发挥

一、党建工作制度体系持续完善

贯彻落实党建工作责任制。制定并推动落实严肃党内政治生活6个方面24条措施，扎实组织"不忘初心、牢记使命"主题教育等党内教育和实践活动，研究印发《西南油气田进一步加强基层党组织建设的指导意见》。在严肃规范党组织自身建设的基础上，明确西南油气田党的建设工作领导小组以及所属单位党组织委员履行党建工作"一岗双责"的具体要求，确保基层党建与基层管理全面融合全面进步全面过硬。组织筹备和督促指导两级领导班子专题民主生活会，深入落实党建工作责任制和党组织书记述职评议考核，层层压紧压实责任。运用"铁人先锋"平台完成基本考核项的线上评定，采取"现场＋书面"全覆盖方式组织党组织书记抓基层党建述职评议工作，在现场述职环节，首次抽选2名基层党组织书记提级述职。

深入推进基层党建"三基本"建设与"三基"工作有机融合。2022年发布《推进基层党建"三基本"建设与"三基"工作有机融合的实施意见》等，围绕全面落实有机融合8项机制27项举措，部署推进"655"重点工作机制，明确融合工程落实落地的路径和方法，持续提升基层党建工作质量。2023年扎实部署推进"655"重点工作机制，五家试点单位通过融合工作成果验收，形成一批

第六章 油气企业人才强企战略管理实践成效——以西南油气田为例

涉及"党建项目领办""党小组和班组两组融合"等融合工作的标准和程序，发布融合典型案例 50 篇，在集团公司提升基层党建质量工作交流会上作书面交流。

推动西南华南党建工作协作区建设。2022 年牵头组织中国石油西南华南片区 19 家单位召开党建工作协作区启动会，审议并通过协作区工作运行方案，健全"13359"工作机制，以季刊形式分主题发布协作区党建专刊，推动党建互联共建常态化运转；2023年持续推动西南华南党建协作区建设获考评加分认可。

印发西南油气田《人力资源价值评价实施细则》，客观评价所属各单位人力资源价值保值增值情况，将结果作为任期考核重要指标，同步开展首期人力资源价值评价，压实压紧各级干事业、带队伍、育人才责任。

系统推动西南油气田员工内部违规行为处理工作，深入贯彻落实中国石油《员工违规行为处理规定》，指导基层采取多种形式做深做细学习宣贯，建立健全工作体制机制，落实制度实施主体责任，明确职责界面，细化工作程序，提高制度执行水平和执行能力。开展巡视巡察问题再整改再落实"回头看"，夯实基层党建基础。

2022 年，西南油气田党建工作获中国石油考评 A 档；2023 年，西南油气田年度党建工作责任制考核获中国石油考评 A+ 档。

二、党员领导干部党性教育持续深入

统筹推进学习贯彻习近平新时代中国特色社会主义思想主题教育。印发主题教育第一批专项工作方案和第二批工作安排，对外积极与中国石油主题教育巡回指导组开展对接，对内建立健全

"日提醒、周报告、月总结"机制，高效推动西南油气田 1.54 万名党员、904 个党组织开展主题教育。西南油气田所属单位主题教育工作成效接受中央第 20 巡回指导组检验获得好评，西南油气田川中油气矿读书班典型做法获集团通报表扬。

持续做优"年轻干部铸魂、专业干部培养、管理干部提能"三大递进培训工程。分 7 期完成公司中层领导人员学习贯彻党的二十大精神培训；出台制度明确党支部书记日常管理、培训等要求，组织开展基层党支部书记（党务工作者）示范培训班，及时跟进、专题组织党的二十大精神集中轮训和学习，引导广大党员干部增强"四个意识"、坚定"四个自信"、做到"两个维护"，全面提升综合素质。

以政治理论教育和党性教育为主要内容，选调 40 岁左右中青年干部、35 岁左右青年干部、30 岁左右优秀党务工作者赴四川省委党校进行能力素质提升培训，覆盖干部成长各阶段；以党建实务和油气主营业务为重点内容，采取政策讲解、案例分析、情景模拟、分组讨论等形式，开展西南华南党建工作协作区基层党支部书记示范培训班、基层党支部书记（党务工作者）示范培训班和优秀党员及发展对象示范培训班、"铁人先锋"线上专题学习等多期培训。持续开展党员党性教育，西南油气田党建业务考核成绩始终位列中国石油第一。

三、党建研究成果持续深入

发挥中国石油党建工作特邀研究员、西南油气田党建研究室和党建内训师作用，聚焦基层党建难点开展前瞻性研究。连续承担中国石油《党组织书记抓党建述职评议考核机制研究》《党建工作"述评考用"机制研究》等项目，支撑出台中国石油天然气集团有限公司党组织书记述职和党建责任制考评办法两项制度，研究成果均获中国石油党建研究成果一等奖，相关经验在全国第一届石油石化企业基层党建论坛上交流。

自2017年成立党建研究分会五年以来，共获中国石油党建研究成果一等奖4项、二等奖3项、三等奖4项、优秀奖3项。2022—2023年，荣获中国石油党建研究成果二等奖2项、三等奖3项；参加第二届新时代石油石化企业党建与思政工作交流会，共获27项奖项，其中一等奖5项；3篇案例荣获第二届国有企业党的建设论坛"国企党建品牌建设优秀案例"。

四、新生党员力量持续加入

落实"双培养一输送"的工作要求，每年新发展符合条件的多名党员，将指导性计划向高知识分子群体和一线优秀骨干倾斜，做到重点攻关项目有党员参加，一线成建制班组班班有党员。

第二节 组织体系优化对人才价值提升的推动作用充分发挥

一、管理层级有效压缩

深化组织体系优化调整，上报《西南油气田分公司组织体系优化工作实施方案》，推动西南油气田"瘦身健体"，全面提升公司治理体系和治理能力。全面开展所属单位以"定职责、定机构、定编制"为主要内容的"三定"工作,整合生产单位地质勘探、开发、维稳信访、矿区业务等管理职能,在油气生产单位构建"2+4+3+3+N"的三级单位机构框架,建立"西南油气田公司+科研院所"两级管理模式,推行造价、自控计量、行政事务、人力资源服务等业务区域共建共享运行新模式,确保压减机关以及二三级机构、基层领导人员职数、机关编制定员各10%以上,显化富余人员达到在岗员工总数3%。

通过改革,全面梳理优化职能配置,打破过度专业化分工,厘清职责边界,理顺业务流程,集约配置机构职能,试点开展油气矿向新型采气管理区转型,实行"管理+技术"直接用工,产能建设、应急抢险维修和生产运维等全部业务外包,着力构建与油公司模式相适应的两级管理架构,进一步提升组织效能。

二、劳动效率持续提升

按照中国石油天然气集团有限公司组织体系优化指导意见和"三定"方案的要求,结合西南油气田实际,适时开展领导班子优化调整、干部选拔任用相关工作,坚持服务中心服务大局,立足"去行政化"管理,注重统筹人才培养与职数压减的关系,多渠道、多方式做好富余领导人员的管理,按时依规完成优化调整工作,持续激发领导班子整体功能和干部队伍活力。

经过积极推进压减工作,2022年西南油气田岗位数量总体压减10%,显化富余人员8%,有效整合多个作业区,使人均天然气日产量增幅达33%,天然气单位直接操作成本降低了12.5%,油

第六章 油气企业人才强企战略管理实践成效——以西南油气田为例

气采输单位效益效率明显提高。2023年二级单位领导职数总体压减10%以上，压减三级机构多个，压减定员和显化富余人员达到公司在岗员工总量的3.7%。预计"十四五"末，二三级机构总量及中层、基层领导职数各压减20%以上，全员劳动生产率年均增长6%以上。

编制《2024年一线操作业务用工需求与补充报告》，制定一线操作用工补充计划，为天然气上产提供人力资源保障。

三、用工方式更加灵活

以西南油气田《中长期人力资源需求规划》为战略管控，建立了企业直接用工与市场化机制用工相互协调的多元化用工配置体系。分解所属单位员工总量控制计划，下达人力资源存量盘活任务。修订完善西南油气田《关于规范参股企业用工管理的指导意见》，加大用工数量和人员结构的管控力度。按照西南油气田《关于规范成都及周边地区乘用车驾驶业务外包的指导意见》，完成相关人员劳动关系调整，促进乘用车驾驶业务运行规范有序。

持续优化人力资源配置，印发西南油气田《关于做好人员流动管理的通知》，明确西南油气田内部流动人员条件，推动内部人才有序流动，发挥人才资源整体优势，围绕西南油气田长期发展目标，有效做好重点区块、重大项目、重要业务的人员保障，确保有序开展。2023年共调动管理、专业技术岗位人员多人，促进西南油气田人才的合理有序流动。

四、岗位价值充分体现

开展西南油气田岗位价值评价试点，打破按职级、职称定薪的传统薪酬体系，部分中心站站长、技能专家等核心技能操作岗位的分值达到三级正副职岗位的分值；一线岗位得分高于后辅岗位，同类岗位得分差异最高达到 1.5 倍以上，有效激发员工价值创造。

强化西南油气田差异化分类考核、一体化联动考核和对标考核，健全完善增储上产、投资管理、成本管控、科技自立自强、新能源业务发展等激励约束机制，引导所属单位持续改革创新、提质增效和防范风险。优化调整员工薪酬结构，加大对基层一线、关键艰苦岗位和专业技术人员的激励力度。建立西南油气田人工成本与效益效率指标联动调控机制，切实提升人工成本投入产出和人力资源利用效率。

第三节　打造一支结构合理担当作为的干部人才队伍

一、干部人才队伍建设制度体系更加完善

持续完善领导体制机制。探索在西南油气田燃气终端、绝对控股投资公司，实行党委书记和董事长（执行董事）由 1 人担任、总经理（党委副书记）分设的领导体制，切实把党的建设与完善公司治理有机统一起来，发挥党组织"把方向、管大局、促落实"

作用，选配党委书记、董事长（执行董事）。建立健全董事会、监事会制度，构建公司内部权力制衡约束机制，组织外部董事参加履职能力提升培训，调整投资公司董监事。

持续深化干部人事制度改革，陆续出台西南油气田《加强青年干部队伍建设意见》《干部年龄结构优化"三步走"规划方案》《关于进一步加强优秀年轻干部培养选拔工作的意见》，2022年进一步出台《大力发现培养选拔优秀年轻干部行动计划》，在干部人才培养、激励等方面取得创新突破；组织制定西南油气田《中层领导人员任期制管理实施细则（暂行）》《关于全面推行任期制和契约化管理的通知》等制度办法，全面完成纳入任期制改革实施范围的多家单位、中层领导人员任期契约签订工作，推动实现经理层成员职务能上能下、收入能增能减。

2023年印发西南油气田《推进管理人员能上能下工作实施细则》，健全干部"能上能下"机制，明确不适宜担任现职的十五种情形，以及应当考核退出的九种情形，同时对组织调整的方式、程序及后续的跟踪管理做出相应的规定，进一步强化对干部队伍的管理和监督，充分调动各层级干部队伍积极性，营造良好干事创业氛围，持续推动企业高质量发展。

印发西南油气田《关于规范领导人员任职回避和公务回避的实施细则》，开展中层领导人员回避事项治理，实现因亲属关系调整工作岗位，进一步完善领导人员在履职过程中需要回避的亲属关系和公务事项。对委派到对外投资公司担任董监事、社会团体担任相关职务情况进行摸底和统计梳理，严格兼职管理、严把兼职审批流程、严控兼职个数，严格审批领导人员兼职，进一步规范领导人员兼职管理。

二、干部人才队伍专业年龄结构更加合理

持续做好领导人员选拔任用工作，不断优化西南油气田各级领导班子年龄、专业结构，探索实施纪委书记专职化及派驻纪检组管理机制，不断适应企业改革发展新要求。目前，西南油气田中层领导人员51岁以上、46～50岁、45岁以下占比接近各1/3；基层领导人员51岁以上、46～50岁、41～45岁、36～40岁、35岁以下占比接近各1/5；近三年新提拔二级副职平均年龄呈年轻化，40岁以下占比30%，主要生产单位和部门均配有40岁以下班子成员；中层领导人员配备年轻化程度较"十三五"初期大幅提升，好于集团公司油气新能源业务企业的平均水平。

强化助理副总师功能定位，加强西南油气田所属单位助理副总师选拔管理，将助理副总师作为班子力量的有效补充和优秀年轻干部培养锻炼的重要平台；重点关注配备助理副总师的专业与年龄结构、主体专业占比和分工职责，做好与领导班子的优势互补；适当延长岗位工作时间，发挥好助理副总师的丰富经验。

三、干部人才队伍情况掌握更加全面

完成对西南油气田所属单位和机关部门的优秀年轻干部调研工作全覆盖，重点对各级党组织中具有较强专业能力、基层岗位历练扎实、工作实绩突出、发展潜力较大的优秀年轻干部进行摸底，重点加强对实践锻炼岗位的摸底和对年轻干部人才库的盘点，直接掌握了多名中层副职和基层正副职优秀年轻干部，分层次、分类别建立起了一支结构合理、素质优良的动态干部人

才库。

采取个别谈话、现场测评、查阅资料等方式组织专项工作组开展对西南油气田中层领导班子和领导人员重点考核工作，实现对机关部门、二级单位及页岩气前线指挥部考核全覆盖，近距离掌握领导班子和领导人员的综合素质和履职表现等情况。

四、年轻干部人才实践锻炼力度不断提升

完成中国石油首批年轻干部挂职工作。贯彻落实中国石油党组推动年轻干部跨单位、跨领域、跨专业交流锻炼的要求，组织开展首批挂职干部期满考核工作，重点关注两年挂职期间推动分管工作落实情况，结合年度考核履职测评结果、日常政治表现、担当作为、工作实绩、遵守纪律、表率作用等情况，总结评价挂职干部综合素质与岗位能力。

落实《大力发现培养选拔优秀年轻干部行动计划》，组织西南油气田机关处室、所属各单位开展优秀年轻干部初步人选推荐。推动跨部门的沟通交流，稳步扩大年轻干部实践锻炼规模、加大领导人员占比。2023年，西南油气田首次安排结束锻炼人员进行全员总结发言，交流在重大工程、重点任务、重要项目的作用发挥情况。完成中央、四川省委要求落实驻村干部和工作队员到期考核轮换工作，选派两名年富力强、工作经验丰富的干部到对口支援点担任驻村第一书记。

第四节　打造一支高素质专业化的专业技术人才队伍

一、专业技术序列改革成效显著

规范技术专家任职条件、聘任方式、工作职责和薪酬待遇，进一步修订完善西南油气田技术专家管理办法，做实岗位设置、做好岗位选聘、考核、薪酬兑现全流程闭环管理。2022年在西南油气田勘探开发研究院、西南油气田川中油气矿等多家单位建立专业技术岗位序列；全年新聘企业高级专家、一级工程师多名；在聘首席专家、高级专家、一级工程师多名，二三级工程师不断完善人才金字塔结构，其中3名"80后"技术骨干已聘任到高级专家和一级工程师岗位，领军人才队伍规模进一步扩大。2023年扩大专业技术岗位序列改革范围，实现专业技术岗位序列可建尽建，成为中国石油首批实现全覆盖建立的油气新能源业务企业。

制定《西南油气田分公司党委联系服务专家工作实施方案》，加大优秀专家典型宣传力度，激发高端人才创新创造活力；经过开展专业技术专家增补选聘，各级专业技术人才的竞争意识和干事创业的主动性进一步增强，改革成果显现明显。严格把握"年度考核定薪酬，聘期考核定去留"原则，组织开展西南油气田年度企业首席专家考核工作，对多名公司中层级技术专家开展聘期考核，实现岗位"能上能下"、薪酬"能增能减"。

第六章　油气企业人才强企战略管理实践成效——以西南油气田为例

二、专业技术人才引进工作成效显著

运用"大学生招聘、博士后工作站、成熟人才招聘"稳妥抓好人才引进，精准施策建好人才储备"蓄水池"。聚焦西南油气田紧缺专业技术方向和未来业务发展需要，开展毕业生招聘工作，精选地质勘探、油气田开发、基础科学等岗位，2023年硕研以上占比64%，"985、211"工程院校和"双一流"占比72%。聚焦钻井工程、开发地质、新能源等16个方向，招收多名博士后研究人员。有针对性地制定成熟人才招收计划，2022—2023两年间为所属相关单位公开招聘成熟专业技术人才多人，对国内外一流高校毕业生以及油气行业人才的吸引力逐步加强。针对四川页岩气公司岗位紧缺，开展内部公开招聘，进一步支撑公司页岩气区块高质量上产。

三、专业技术人才能力素质提升显著

持续健全完善西南油气田青年专业技术人员培养体系。持续实施新入职高校毕业生"中国石油天然气集团有限公司、西南油气田公司、西南油气田二级单位"三级培训，促进高校毕业生熟悉并融入企业。对首批入选的多名公司英才进行"人才画像"，按照"一人一档"建立英才成长档案，全程跟踪培养。按照中国石油"青年科技人才培养计划"要求，从专业素质、项目业绩等6个方面量化评分，共向中国石油推荐上报多人，其中49%入选培养名单，入选人数在中国石油所属企事业单位中排名第4位。

多措并举提升技术人才能力素质。先后选送人才参加中国石油国际化后备人才培训班、两级技术专家学术研修班、专业技术骨干进修班、重点联系服务专家国情研修班等，在送外培训的基础上，与长江大学合办致密油气勘探开发培训班，培训专业技术骨干 80 人次，均取得良好效果。2023 年落实党组织联系专家全覆盖，推荐 4 人参加第十五批四川省学术和技术带头人及后备人选评选，9 人获评成都市成华区"东骄俊杰"人才项目。选送 18 人参加集团公司中高层级专家学术研修班、7 人参加集团公司 2023 年专业技术骨干进修班，推荐 1 人享受政府特殊津贴，组织 60 人开展技术专家、博士人才、"英才人员"勘探开发前沿技术培训班，进一步提升公司专业技术人员的综合素质。

扎实推进"英才计划"有序实施，建立轮岗锻炼、导师配备机制，组织参与重大项目攻坚，为青年战略预备力量培育"铺路子、压担子"；定期组织英才大学生座谈会、年度述职，对英才大学生培养实施情况进行考核评价，实现人才培养双向发展、成果转化双向推进，形成科技人才集智倍增效应。

四、青年科技人才成果转化成效显著

积极与四川省人社厅协调，推荐西南油气田青年科技人才，天然气研究院周理入选第十四批四川省学术和技术带头人及后备人选。依托中国石油"战略科技人才培养计划""青年科技人才培养计划"等，开展技术专家、博士人才、"英才人员"能力素质提升培训，组织 18 名"集团公司青年科技人才"签订师徒协议，明确培养目标和方向。

2022 年引入四川大学等高校博士后 16 名，同时在站博士后首次获得中国博士后科学基金项目资金资助，逐步形成"引进一名博士后、突破一项技术难题、培育一批技术人才"的链式效应。2023年引入四川大学等高校博士后19名，大力推进青年科技人才与在站博士互动交流、资源共享，实现人才"裂变效应"，打造人才资源"桥头堡"。

利用重大工程项目、重点科技攻关课题锻造青年人才团队，平均年龄39岁的天然气分析测试技术团队制定4项国际标准；平均年龄35岁的页岩气地质工程一体化攻关团队，成为页岩气年产突破"100亿"的技术支撑，荣获中国石油天然气集团有限公司特等奖。

第五节　打造一支本领扎实能力过硬的技能人才队伍

一、技能人才管理机制不断完善

坚持技术技能融合服务生产。建立西南油气田高技能人才创新基金、制定《西南油气田工作室管理办法》和《高技能人才岗位管理指导意见》，为解决一线生产难题、创新创效提供经费保障，同时针对劳模和工匠人才创新工作室与技能专家工作室实行资源共享、同评共建，推动技术与技能融合促进生产效能提升。

创新高技能人才岗位管理，设立技能专家岗位，按岗位界定工作目标和职责，将聘任等级与津贴、薪酬与岗位、兑现比例与履职挂钩，实施高技能人才积分晋级和到期解聘制度，实现"集团要求和单位需求""岗位职责和专家任务""绩效考核和专家考核"有机结合，为高技能人才施展才能、发挥作用提供更加有力的支撑。

打破"论资排辈"传统模式，架起技能人才成长"立交桥"。技师、高级技师按取证人数的90%实行差额动态聘任；将业绩突出的技师、高级技师破格聘任为首席技师或企业技能专家；按"大岗位"和职能综合化的思路，在井站设置高技能人才岗位，打破了原有的按单一工种定岗的局限，岗位个数较以往减少了50%；加大激励措施，薪酬与技能等级挂钩，通过积分考核指标引导高技能人才在不同层级发挥作用，明确按考核结果兑现薪酬的标准，最高可按照所在单位二级正标准兑现。

二、技能专家工作室效用不断提升

发挥技能专家工作室效用，突出技术技能显性"孵化器"作用。将技能专家工作室设在西南油气田二级单位科研院所，技术专家作为技能专家工作室成员，共同参与项目研究、技能攻关，推动了技术与高技能人才联合攻关、"红工衣"和"白大褂"深度合作、相互支撑。

围绕西南油气田重点生产区域、重点建设工程，以技能专家工作室为平台，技能专家工作室牵头组织技能人才深入一线，大力开展以"解决生产疑难问题、送知识和技能到生产现场"的巡诊活动，明确创新成果奖励标准，推动在生产一线充分应用、解决实际难题，工作室技术技能显性"孵化器"和提质增效"助推器"的双重功能得到充分发挥。

重点打造采气、输气和天然气压缩机技能专家工作室，积极组织参加省（市）首席技能大师工作室的申报评选。按照西南油气田技能专家工作室建设标准，指导所属生产单位加强工作室建设，力争新增公司级技能专家工作室。

三、职业技能竞赛模式不断创新

制定《西南油气田分公司技能人才创新创效管理办法》和《技术技能竞赛管理实施细则》，规范西南油气田技术技能竞赛组织要求和程序。创新职业技能竞赛模式，积极推进全员练兵活动，突破原高级技师不能参赛限制，对技师大赛第一名给予破格聘任为首席技师奖励，搭建技能人才成长"快速路"。

加强西南油气田职业技能资源建设，组织技能专家参加中国石油4个工种、10个专业方向的职业技能标准编写修订。开展西南油气田采气工（储气库方向）认定题库和离心式压缩机组培训教材编写、油气管道保护工（高级技师）认定细目表和题库开发、专业技术人员和采输气操作技能人员数字化运维题库开发。

技能攻关助力一线生产提质增效。承办中国石油技能专家协作委员会勘探开发分会年会，组织中国石油2023年一线创新成果推介活动，优选出16个西南油气田创新基金项目和3个中国石油创新基金项目。持续开展一线难题攻关，选出多个企业级生产难题，上报并确认多个集团级生产难题。加快技能专家工作室平台建设，评选了西南油气田首个劳模和工匠人才创新工作室。

四、高技能领军人才培养成效显著

充分发挥高技能人才作用，建立了西南油气田技能人才创新基金，进一步规范高技能人才创新创效管理，集合资源、量身定制培养，推进高技能后备人才建设，实现高技能人才阶段有序发展。发布年度技师、高级技师认定考评工种，重点向采气、输气、净化、压缩机和检维修等主体生产工种倾斜，依托西南油气田培训基地组织开展认定前培训，提升认定合格率，实现技师、高级技师向西南油气田主体生产工种聚集。对取得重大贡献、获得相关级别奖项的人员聘任为企业技能专家或首席技师。完善高技能人才培训体系，立足主营业务，打造以储气库完整性管理、页岩气勘探开发、现场设备自查自检等既提升技能人才能力、又具有推广运用价值的新课程；优化生产安全管理流程与工具、天然气净化、计量仪表检定等精品课程。

持续推进高技能人才培养取得系列成效。2022年组织培训高技能人才百余人，推荐2人作为中国石油"石油名匠"重点培养人员，并跨单位配备西南油气田技术专家作为导师；11人获评"成华工匠"、4人获评"成都工匠"荣誉称号；参加全国和中国石油采油工、消防战斗员和数字化运维竞赛，获1金、7银、4铜以及团体一等奖、三等奖各1个，10人晋升技师、高级技师。2023年，完成31批次、2309人职业技能等级认定，完成2022年第二阶段技师、高级技师职业技能等级认定，推荐92人参加中国石油特级技师、首席技师认定评价，18人晋升技师或高级技师。组织14人参评中国石油"石油名匠"技术能手和铁人班组长。姜婷婷荣获全国技术能手，4人申报四川省技能大师，2人申报四川省技术能手，3人参评第四届"四川工匠"，6人获"成都工匠"称号，13人获"成华工匠"称号。

参考文献

[1] 中共中央党史和文献研究院．习近平关于人才工作论述摘编[M]．北京：中央文献出版社，2024．

[2] 邓小平．邓小平文选（第三卷）[M]．北京：人民出版社，1994．

[3] 中共中央文献研究室．江泽民论有中国特色社会主义[M]．北京：中央文献出版社，2002．

[4] 胡锦涛在庆祝中国共产党成立90周年大会上的讲话[M]．北京：人民出版社，2011．

[5] 中共中央文献研究室．十八大以来重要文献选编（上）[M]．北京：中央文献出版社，2014．

[6] 习近平．习近平：决胜全面建成小康社会夺取新时代中国特色社会主义伟大胜利——在中国共产党第十九次全国代表大会上的报告[R]．新华社，2017-10-27．

[7] 习近平．习近平：高举中国特色社会主义伟大旗帜　为全面建设社会主义现代化国家而团结奋斗——在中国共产党第二十二次全国代表大会上的报告[R]．新华社，2022-10-25．

[8] 郑亨钰．人才发展治理与国家治理现代化[M]．北京：工人出版社，2023．

[9] 孙锐，冯凌，等．人才发展治理体系研究[M]．北京：经济科学出版社，2022．

[10] 孙锐. 建设新时代人才强国——面向高质量发展的人才工作研究 [M]. 北京：人民出版社，2023.

[11] 辜穗，王径，任丽梅，等. 天然气产业管理创新成果价值评估 [M]. 北京：石油工业出版社，2023.

[12] 何春蕾，江如意，辜穗，等. 油气储运科技成果经济价值评估 [M]. 北京：石油工业出版社，2024.

[13] 姜子昂，辜穗，任丽梅，等. 油气科技创新价值分享理论与应用 [M]. 北京：科学出版社，2020.

[14] 王婉力. 习近平人才理论的历史渊源与理论根基 [J]. 新西部，2019（6）：10+73.

[15] 沈荣华. 创新中国特色人才理论 [J]. 中国人才，2017（10）：42-43.

[16] 科技部人才中心政策研究小组. 党的十八大以来科技人才政策综述 [J]. 中国人才，2021（10）：6-13.

[17] 赵丽. 美国科技人才流动的特点及其政策机制 [J]. 中国高等教育，2014（18）：60-63.

[18] 陈娜，张向前. 美国适应创新驱动的科技人发展机制对中国的启示 [J]. 科技与经济，2015（6）：79-84.

[19] 孙孝科. 美国科技人才策略及其对中国的启示 [J]. 南京邮电大学学报（社会学版），2014（2）：112-118.

[20] 柴野. 全球人才争夺战德国有绝招 [N]. 光明日报，2014-06-11（8）.

[21] 李西娟. 德国产学研体系和双元制教育对我国科技创新和人才培养的启示 [J]. 江苏科技信息，2015（8）：9-11.

[22] 王寅秋，罗晖，李正风. 基于系统辨识的全球科技领军人才

流动网络化模型研究[J].系统工程理论与实践,2019,39(10):2590-2598.

[23] 李瑞.新形势下科技创新治理复杂性及"元治理"体系构建[J].自然辩证法研究,2021,37(5):60-66.

[24] 何晋越,沈积,李映霏,等.国有油气企业治理体系和治理能力现代化建设的思考[J].天然气技术与经济,2022,16(3):66-70.

[25] 刘华杰.科技元勘或科学技术论:从学术探究到社会治理[J].自然辩证法通讯,2021,43(8):29-34.

[26] 邱志强.科技领军人才成长规律与培育路径研究[J].江苏师范大学学报(哲学社会科学版),2015,41(6).

[27] 张璐,霍国庆,李慧聪.科技创新领军人才关键成功因素研究——以"两弹一星"功勋科学家为例[J].管理现代化,2015,35(4):64-66.

[28] 余江,陈凤,张越,刘瑞.铸造强国重器:关键核心技术突破的规律探索与体系构建[J].中国科学院院刊,2019,34(3):339-343.

[29] 王世文,乔小燕.关于科技领军人才相关问题研究的综述[J].苏州科技大学学报(社会科学版),2017,34(6):34-38.

[30] 唐文文,杨明,陈谦斌.启动科技创新领军人才跨学科培养工程——以康奈尔技术校区等美国大学为例[J].教育教学论坛,2021,40(10):50-53.

[31] 程龙,牛萍,于海洋.搭建领军人才创新平台驱动区域科技创新发展[J].中国人才,2021,(10):64-65.

[32] 辜穗,马玥,彭自成,等.油气企业管理创新成果的螺旋式

创新路径 [J]. 天然气技术与经济，2021，15（4）：79-84.

[33] 朱英，郑晓齐，章琰. 中国科技创新人才的流动规律分析——基于国家"万人计划"科技创新领军人才的实证研究 [J]. 中国科技论坛，2020（3）：166-173.

[34] 倪渊，张健. 科技人才激励政策感知、工作价值观与创新投入 [J]. 科学学研究，2021，39（4）：632-643.

[35] 姜子昂，辜穗，王径，等. 我国油气勘探开发技术产品谱系构建 [J]. 天然气工业，2020，40（6）：149-156.

[36] 辜穗，余晓钟，马新平，等. 演化视域下油气企业文化创新研究 [J]. 天然气技术与经济，2017，11（3）：78-80.

[37] 姜子昂，辜穗，任丽梅. 我国油气技术价值分享理论体系及其构建 [J]. 天然气工业，2019，39（9）：140-146.

[38] 姜子昂，刘申奥艺，辜穗，等. 构建油气勘探开发技术要素收益分成量化模型 [J]. 天然气工业，2021，41（3）：147-153.

[39] 李洪祥，孟璐，冯洁，等. 国家科技重大专项科研人员激励机制分析和建议 [J]. 科技管理研究，2020，40（9）：120-125.

[40] 何丽君. 青年科技领军人才胜任力构成及培养思路 [J]. 科技进步与对策，2015，32（8）：145-149.

[41] 吴道友，夏雨. 20年中国科技人才激励政策研究的知识图谱分析 [J]. 科技和产业，2020，20（12）：90-96.

[42] 冀朝旭，聂常虹. 基于科技创新领军人才的科研经费投入产出分析 [J]. 数学的实践与认识，2018，48（20）：262-269.

[43] 赵伟，张亚征，彭洁. 中青年科技领军人才创新素质与创新行为关系研究 [J]. 中国科技论坛，2013（12）：97-103.

[44] 张煜. 深化"生聚理用"人才发展机制研究 [J]. 北京石油管理

干部学院学报，2021（4）：29-32.

[45] 史慧，邓大胜.人才引领创新发展[J].中国人才，2021（7）：42-45.

[46] 刘云，王雪静，郭栋.新时代我国科技人才分类评价体系构建研究——以中国科协人才奖励为例[J].科学学与科学技术管理，2023，44（11）：15-26.

[47] 刘彦蕊，刘庆杰.当前科技人才评价改革进展、面临挑战与对策建议[J].中国科技人才，2023（5）：70-76.

[48] 杨世辉.科技型企业科技人才评价探索研究[J].当代石油石化，2023，31（8）：55-58.

[49] 胡彩霞，檀祝平.高技能人才培养：政策导向、现实困境与教育调适[J].职教论坛，2022，38（11）：14-22.

[50] 曹强，辜穗，张浩淼，等.深入推进人才强企工程 激发高质量发展内生动力[J].石油组织人事，2023（9）：31-35.

[51] 王良锦，辜穗，方峦，等.油气企业科技创新人才价值溯源分成评估[J].天然气工业，2024，44（6）：142-151.

[52] 辜穗，王良锦，张浩淼，等.油气企业人才"生聚理用"管理机制[J].天然气技术与经济，2024，18（2）：70-78.